DESCONECTAR PARA RECONECTAR

Suze Yalof Schwartz
con Debra Goldstein

DESCONECTAR
PARA RECONECTAR

Meditación sencilla para escépticos
ocupados y buscadores modernos

URANO
Argentina – Chile – Colombia – España
Estados Unidos – México – Perú – Uruguay – Venezuela

Título original: *Unplug – A Simple Guide to Meditation for Busy Skeptics and Modern Soul Seekers*
Editor original: Harmony Books, an imprint of the Crown Publishing Group, a division of Penguin Random House LLC, New York
Traducción: Martín R-Courel Ginzo

1.ª edición Octubre 2017

ISBN: 978-84-16720-00-2
E-ISBN: 978-84-16990-80-1
Depósito legal: B-20.695-2017

Fotocomposición: Ediciones Urano, S.A.U.

Impreso por: Rodesa, S.A. – Polígono Industrial San Miguel – Parcelas E7-E8
31132 Villatuerta (Navarra)

Impreso en España – *Printed in Spain*

A mi marido, Marc, mi amor verdadero y artífice de todos mis sueños. Gracias por permitirme acceder plenamente a tu brillante mente, por tu apoyo constante y por tu amor y amabilidad permanentes.

A mis hijos:
¡Mantened la claridad, la alegría y el desafío de la vida y recordadme que respire!

Índice

SIGUE ADELANTE

Preparado, listo, desconecta

Casi todas las cosas vuelven a funcionar si las desconectas unos minutos, incluido tú.

ANNE LAMOTT

En cuanto aprendí a desconectar, toda mi vida cambió. Poco me imaginaba yo que casi cinco años después me embarcaría en la misión de intentar convencerte para que te unieras a mí. Pero cuando descubres un truco vital tan bueno, ¡deseas compartirlo con la mayor cantidad de gente posible! Al aprender a desconectar, me apeé de la enloquecida montaña rusa del estrés y me subí a una vida en la que me encuentro en calma y tengo el control (bueno, la mayor parte del tiempo). Consigo hacer más cosas y hacerlas mucho mejor porque estoy centrada y despejada y lo disfruto un millón de veces más porque estoy presente. He escrito este libro para enseñarte la manera de desconectar y meditar, de manera que tú también puedas experimentar y disfrutar tu vida tal como está sucediendo en realidad, en lugar de perderte las cosas buenas a causa de la preocupación, la angustia y el trabajo agobiante. No hay razón para andar por ahí con el estrés, cuando deshacerse de él es tan sencillo.

Cada día hay personas que me piden que las ayude a aprender a meditar. Hay tantas fuentes confusas por el mundo, que he elaborado la guía definitiva, un tratado directo, sincero y sumamente organizado del que ya me hubiera gustado disponer cuando me inicié. Tras asistir a cientos de horas de clases, probar todas las formas de meditación y fundar el primer estudio de meditación sin cita previa, puedo afirmar que domino por completo el arte de la meditación. La buena noticia es que no hay mucho que aprender; ¡no es nada complicado! Escribí este libro para todos los que quieran aprender a meditar pero piensen que es demasiado complicado, demasiado misterioso, que no disponen del tiempo necesario y que posiblemente no pueden permanecer sentados ni siquiera unos pocos minutos al día. Créeme, lo entiendo; ¡yo era la persona menos indicada para convertirse en meditadora! Pero como una de mis compañeras de instituto dijo en la reunión de nuestro trigésimo aniversario: «Si Yalof es capaz de meditar, entonces puede hacerlo cualquiera.» Así que, aunque pienses que me resultará imposible convencerte para que lo hagas, estoy dispuesta a asumir el reto y ponértelo fácil.

Antes de que empezara mi andadura, me habría echado a reír si me hubieras dicho que la clave para ser eficaz, productivo, más feliz y tener más éxito no es ir más deprisa, hacer más y esforzarse, sino tranquilizarse y llegar a estar presente. Yo era la clásica personalidad tipo A adicta al trabajo: ocupada hasta la locura, impaciente y yendo por la vida a trescientos kilómetros por hora. Me iba muy bien siguiendo el ritmo trepidante y las exigencias de mi vida atareada y acometía todas las oportunidades que me salían al camino con entusiasmo. Detenerme a tomar aire y preguntarme si debía o no hacerlo ni siquiera tenía importancia, y desde luego no estaba en mi vocabulario. Si algo no estaba saliendo como era debido, aun así buscaba la manera de *hacer* que funcionara. O más exactamente, hacía que mis ayudantes encontraran la manera de hacerlo funcionar, lo cual las estresaba y ocasionalmente las hacía llorar. No es sorprendente, pues, que cuando el *New York Times* publicó un artículo sobre mi estudio de meditación, Unplug [Desconecta], viera un comentario en el Facebook de mi antigua secretaria que decía: «Ojalá se hubiera dedicado a la meditación cuando trabajábamos para ella.» (¡Lo siento, Lexa!)

La mera idea de permanecer quieta no solo me parecía imposible y torturador, sino una absoluta pérdida de tiempo. ¿Cómo podría haberme planteado desconectar durante siquiera unos pocos minutos al día, cuando había tanto que hacer y tenía tantas cosas que llevar a cabo?

Pero ahora sé que podría haber llegado a la cima mucho más deprisa y disfrutado del proceso mucho más si hubiera aprendido a ir más despacio y a desconectar. ¿Irónico, verdad? Haz menos, consigue más. Tranquilízate para avanzar. Todo lo que tenemos que hacer es permanecer quietos durante unos pocos minutos al día para encontrar el santo grial de la paz, la felicidad y ese éxito cumbre en la vida que andamos buscando.

Ésta no es únicamente mi opinión; hay datos científicos serios que me respaldan. Las investigaciones han demostrado que la meditación es la salsa secreta para estar más sano y ser más feliz y mucho más eficaz. La meditación reconecta físicamente tu cerebro para hacerte más listo y estar más centrado, ser más productivo y más positivo. Además, reduce la angustia, el estrés, los ataques de pánico, la ira, la depresión, el sobrepeso y el dolor. Mejora tu memoria, te ayuda a tomar mejores decisiones y más deprisa, aumenta la compasión y te proporciona una importante ventaja para afrontar los retos que la vida te pone en el camino. Y te ayuda a despejar el revoltijo y el caos en tu vida, de manera que todo fluya mejor.

Sé que todas ellas parecen un montón de grandes promesas, pero lo he visto dar resultado en miles de personas, muchas de ellas escépticas cuando empezaban. ¡Existe una razón para que treinta millones de norteamericanos mediten a diario! Sé él número treinta millones uno si empiezas ahora mismo. Se trata de la única práctica que en realidad le da resultados a *cualquiera* que esté dispuesto a comprometerse con ella. Tras cinco años de hacerlo casi a diario, sigo sin creerme que pararse para no hacer nada sea tan colosal.

Es por esto que quiero que descubras este secreto que cambia la vida. La meditación cambia toda tu existencia para mejor. No solo te vuelve una persona más tranquila, más sana y más productiva, sino que también te ayuda a responder profundas e importantes preguntas como: *¿Qué es lo que me hace feliz?* y *¿Qué es lo que quiero?* Y a veces, como sucedió conmigo, desconectar y estar presente te lleva a la vida a la que estabas predestinado.

Dediqué veinte años a ascender a toda prisa por la escalera del mundo de la moda. Trabajé en *Vogue, Elle, Marie Claire* y, al final, en la revista *Glamour*, donde me encargaba del estilismo de las sesiones fotográficas, cubría la famosa sección «Qué hacer y qué no hacer» y me hice famosa (al menos según el *New York Times*) como «El hada madrina de los cambios de imagen». Viajé por todo el país haciendo cambios de imagen para *The Oprah Winfrey Show*, el programa *Today, Good Morning America* y muchos otros. También me encargué de la alfombra roja en ceremonias de entrega de premios y desfiles de modas en Nueva York, París, Milán y Londres, tanto entre bambalinas como de cara al público. Aquello era un frenesí, ¡y me encantaba!

Había momentos de verdadera locura, aunque jamás pensé en la «gestión del estrés», porque, sinceramente, estaba demasiado entusiasmada con lo que estaba haciendo para pensar en si estaba estresada. Me encantaba mi vida, con presión y todo. ¿Y qué si relajarse significaba dar vueltas por la oficina chismorreando como excusa para meter casualmente la mano en los frascos de los caramelos de la gente?

Realizaba a toda prisa las tareas pendientes de cada día, enloquecida y dispersa. Aunque siempre me sentí orgullosa de ser una persona positiva y feliz, aun así solía arremeter contra todos los que me rodeaban, perdía la concentración fácilmente, me obsesionaba por tonterías, me cabreaba con mis hijos y mi marido de vez en cuando y, cuando llegaban las fechas de entregar algo, acababa muy estresada. ¡Horrible! Y compensaba todo esto yendo más y más deprisa y disculpándome tímidamente a posteriori.

Tenía un trabajo glamuroso, un marido magnífico y tres hijos fantásticos. Pero lo que no tenía era la capacidad para apreciar el momento presente. En mi apresuramiento por pasar a la siguiente cosa, realizaba cada una deprisa y corriendo, sin meterme casi nunca en la que estaba haciendo. Tenía todos esos importantes momentos entre mi trabajo y mi vida familiar, pero desperdiciando la mayoría de ellos, porque, en cuanto llegaba, me metía en el siguiente. Pasaba por mi vida a tal velocidad que no me percataba de lo mucho que dejaba de lado, de toda la riqueza que me estaba perdiendo. Uno no se da cuenta de estar deslizándose por la superficie cuando su vida es solo una sucesión de listas de control.

Adelantémonos rápidamente al verano de 2010, cuando a mi marido, Marc, le cayó del cielo la oportunidad de su vida en forma de un trabajo en Los Ángeles, así que mi familia y yo nos mudamos a California para emprender nuestra siguiente aventura.

No creo que realmente previera el choque cultural que sufriría cambiando Manhattan, que parecía el centro de todo, por California, en donde tienen un rollo y un ritmo de vida cotidiano tan distintos. Pero la mayor conmoción fue pasar de tener lo que creía era un trabajo apasionante a preguntarme qué estaba haciendo con mi vida en aquel nuevo lugar donde todo era nuevo. Siempre había trabajado y, la verdad, no sabía qué hacer conmigo misma sin un trabajo. Mis hijos se pasaban el día en el colegio, y me encontré llenando el tiempo mirando escaparates, asistiendo a clases para hacer pulseras de cuentas, visitas al supermercado y almuerzos y desayunos. No solo estaba aburrida e inquieta, sino que... ¡estaba engordando! Seguía recibiendo ofertas para regresar al mundo de la moda, pero nada me pareció lo bastante bueno hasta que Lord & Taylor me llamó para contratarme para filmar unos anuncios para Taxi TV. Era un bolo fantástico que iba acompañado de muchos billetes de ida y vuelta a Nueva York, así que acepté. Estaba encantada de la vida por volver a la acción. Y, sin embargo, en esta ocasión parecía distinto.

Entre los viajes de ida y vuelta de costa a costa, la puesta en marcha de una nueva vida en una nueva ciudad, la compatibilización de las vidas de tres divertidos hijos pequeños llenos de energía con los viajes y el tiempo que estaba con mi marido, llegó un momento en el que sentí una abrumadora sensación de estrés. Que yo recordara, era la primera vez que era consciente de que en realidad no podía hacerlo todo. No atravesaba ninguna crisis exactamente; no era más que el estrés vital que se exacerbaba, tal como nos ocurre a tantos. Pero aquella tensión cotidiana, como bien sabes, basta para que te sature y te saque de quicio.

Por suerte, le conté esto a la persona adecuada justo en el momento oportuno. Mi suegra, que es psicoterapeuta, me dijo: «Deja que te enseñe un pequeño truco.» Me indicó que cerrara los ojos y me enseñó a tranquilizarme al instante utilizando mi respiración y capacidad de visualización. En solo tres minutos, pasé del estrés más radical a la serenidad más absoluta. ¡Fue asombroso!

En cuanto abrí los ojos, se me pasaron tres cosas por la cabeza:

1. No me puedo creer lo fácil y sencillo que ha sido.
2. ¿Cómo no había sabido nada sobre este secreto antes?
3. ¡Quiero más! ¿Quién me puede enseñar? ¿Cómo? ¿Y dónde?

Mi suegra me sugirió que aprendiera a meditar, así que acto seguido me puse a investigar para encontrar el mejor sitio. Empecé tecleando en Google: «Lugares para meditar en Los Ángeles», y averigüé que no había ningún sitio al que pudiera ir, y pasarme, aprender y luego marcharme. Había un curso de meditación trascendental de 1.400 dólares; una formación intensiva de cuatro días en el piso de un maestro védico; un programa de seis semanas en el Centro de Investigaciones de la Atención Plena de la UCLA. Me sorprendió que no hubiera una manera más rápida o fácil de aprender a meditar.

La revelación se produjo cuando pensé: *¿Por qué no puede haber un lugar perfecto dedicado a la meditación?* Como los salones de belleza Drybar. Cuando te vas a arreglar el pelo a uno de esos salones que solo hacen cortes tipo *blowout*, entras sintiéndote horrible y sales con la sensación de estar fabulosa, y todo en treinta minutos o menos. Entras, te arreglan y sales. (Ya sé, sigo siendo una neoyorquina irredenta.) ¿Por qué no había una manera parecida de que las personas ocupadas encajaran la meditación en sus vidas? ¿Por qué no existía un método popular o algún lugar donde alguien como yo pudiera aprender sin adquirir un compromiso a largo plazo o gastarse una pequeña fortuna? Volví de nuevo a Google para ver si existía algún lugar así. No. Ni en Los Ángeles ni en todo Estados Unidos. Ni siquiera en Europa o Asia. Entonces se me ocurrió: la meditación necesitaba un cambio de imagen, y era yo quien iba a hacérselo.

Marc, siempre el prudente Marc, me dijo que primero tal vez debiera aprender a meditar. De acuerdo... había que considerar eso. Así que me comprometí al 400 por ciento para descifrar el código de esta nueva disciplina mía y me metí de lleno. Me inscribí en el programa impartido por el guapísimo profesor australiano (lo juro, no hay ningún maestro védico poco agraciado) y seguí todo el curso completo de seis semanas en la UCLA. Tomé clases allí donde pude encontrarlas, desde estudios de yoga y templos budistas a reuniones grupales de seguimiento en la playa de Santa Mónica. Hice los 21 días de meditación de Deepak Chopra; me descargué la app de Headspace; estuve pendiente de todos los podcast, desde Sharon Salzberg y Pema Chödrön a Tara Brach; y me leí todo a lo que pude echarle el guante escrito por Thich Nhat Hanh, Robert Thurman, Dan Siegel, Jon Kabat-Zinn, Joseph Goldstein, Eckhart Tolle, el Maharishi Manesh Yogi, Davidji, Steve Ross y Olivia Rosewood. Mientras iba aprendiendo la manera de desconectar del caos de mi vida diaria durante un rato, me convertí sin querer en una experta de la meditación.

Durante ese tiempo, me quedé prendada de muchos estilos y técnicas diferentes. Pero, al mismo tiempo, mi cerebro de maquilladora seguía queriendo modificar el contenido de los maestros, el ritmo superlento, la vestimenta, los espacios, las voces «dilatadas» de la meditación de los maestros, el intenso olor de la salvia quemada y el canturreo, las largas historias destinadas a ilustrar algún aspecto, el turno de preguntas y respuestas al terminar que te mantenían atrapada durante cuarenta y cinco minutos más y que hacían que aquello se pareciera más a una sesión de terapia de grupo... quería cambiar la experiencia toda. La meditación es muy simple, y no lograba explicarme la razón de que en buena medida se presentara como algo tan embriagador y complejo, o lo que era peor, aburrido e innecesariamente dilatado. Me acuerdo de un profesor que hacía una pausa entre (pausa) cada (pausa) palabra (pausa) durante su charla inaugural. ¡Me pareció tan frustrante!

Quería una experiencia que alguien como yo pudiera soportar de verdad, quería eliminar todos los excesos y conservar lo mejor de las enseñanzas de la meditación, algo así como un reportaje televisivo matinal producido con maestría. Todos los reportajes televisivos apenas dedican cinco minutos a motivar, a explicar el porqué y el cómo y a dar consejos sólidos, de manera que al final del programa uno haya entendido lo que tiene que hacer. Así es como me parecía que debía ser la enseñanza de la meditación.

¡Bienvenido, Unplug! (Desconectar para reconectar).

Fundé Unplug, el primer estudio laico sin cita previa de meditación del mundo para difundirla en su forma más sencilla. Quería transformar su práctica de esotérica en accesible y crear un lugar destinado a las personas modernas y ocupadas, para que pudieran desconectar de la vida siquiera fuera unos pocos minutos al día, recargarse y experimentar los incuestionables efectos de la meditación.

La meditación me ha cambiado y ha cambiado mi vida en muchos aspectos. Ahora estoy mucho más capacitada para darme cuenta de cuando estoy estresada y resolverlo en ese momento preciso, en lugar de dejarme consumir o abrumar por la situación. Siempre fui una persona alegre, pero ahora me siento feliz y agradecida porque me paro a apreciar todo lo que me rodea. Y soy mucho más eficaz y productiva. Antes hacía muchas cosas; la diferencia es que ahora las hago con mucha más atención, con lo que consigo hacer más en menos tiempo. Hago diez veces más, pero lo hago conscientemente, así que todo sale mejor. Antes evitaba aquellas cosas que me molestaban, pero ahora puedo hacer frente a cualquier incomodidad. Y aunque los cosas no estén saliendo bien, puedo dejarme llevar en lugar de sentirme frustrada. En casi todas las situaciones, soy capaz de alejarme de mis reacciones instintivas y responder de manera más reflexiva, lo cual me hace una madre, esposa y jefa mejor.

Pero, sobre todo, ya no pierdo el instante preciso. Ésta es la gran recompensa. Sin importar lo que esté haciendo o con quién esté, estoy verdaderamente presente, no mentalmente alejada pensando en lo que sucedió el día anterior o en lo que tengo que hacer más tarde. Cuando se me va el santo al cielo, me doy cuenta más deprisa y me obligo a estar presente. Miró a la gente a los ojos y la oigo y la veo de verdad. La comida me sabe mejor, y los colores parecen más intensos. La mejor manera que tengo de describir esto es que me parece estar viviendo la vida en alta definición.

Pero basta de hablar de mí. Este libro trata de ti, de cómo puedes mejorar tu vida desconectando a través de la meditación durante solo unos minutos al día. Me imagino que escogiste este libro porque has oído hablar a menudo del poder de la meditación y quieres aprender a meditar, y practicarla sin el misticismo ni toda esa parafernalia supuestamente sobrenatural de la que suele ir acompañada. Y eso es exactamente lo que te voy a proporcionar. Vas a aprender a meditar en menos de cinco minutos, y notarás los resultados de forma inmediata.

Me he impuesto la misión de demostrar que todo el mundo —incluso tú— puede meditar. Aun en el caso —no, *sobre todo* en el caso— de que creas que piensas demasiado, que no tienes tiempo, que no puedes permanecer quieto o que simplemente no es para ti. He visto con mis propios ojos cómo los ataques de pánico diarios del poderoso empresario cesaron después de que empezara a meditar, o cómo se esfumaron los graves arrebatos de ira a causa del tráfico del enorme y fornido entrenador personal lleno de tatuajes. He conocido a una mujer que pasó por tres intentos de reproducción asistida *in vitro* que finalmente se quedó embrazada al cuarto intento, después de que empezara a practicar la meditación de forma regular. He hablado con antiguos insomnes que ahora duermen apaciblemente durante toda la noche, y con enfermos con dolores crónicos que nos enviaron de la Universidad de California que juran que meditar es mejor que los opiáceos. He visto a algunas personas sumamente estresadas pasar de la angustia a la serenidad, de estar demacradas y ojerosas a mostrarse risueñas y radiantes. Éstas son las historias que oigo a diario, por lo general acompañadas de copiosas lágrimas y fuertes abrazos.

Empezarás en «Toma asiento», donde te impartiré un seminario rápido sobre lo que ganarás si aprendes a desconectar. Te explicaré qué es la meditación y qué no lo es, y desmontaré un montón de ideas erróneas que circulan por ahí, empezando por la de que tienes que desactivar tu cerebro o permanecer absolutamente inmóvil durante largos períodos de tiempo para que dé resultado. Absolutamente falso. También te informaré de todos los beneficios increíbles que experimentarás, así como de todas las pruebas y estudios científicos que respaldan el cómo y el porqué de que la meditación funcione.

Luego, en «Desconecta y recarga», te proporcionaré la Sencilla Fórmula de la Meditación Directa característica de Unplug, junto con otras herramientas y técnicas, de manera que puedas incorporar sencillamente esta práctica a tu vida cotidiana. Desde el principio hasta el final, no pararás de encontrar infinidad de consejos de sabios, divertidos, agudos y estimulantes maestros de la meditación, pero también de personas que he conocido a lo largo de mi trayectoria. También te indicaré cómo poner en práctica otros métodos de meditación, y te hablaré asimismo de algunas meditaciones ultrarrápidas que podrás utilizar a lo largo del día siempre que las necesites. ¡Serán como tu alijo secreto de serenidad y felicidad instantáneas! Y está la Meditación Express, para cuando te encuentres como en una olla a presión y necesites tranquilizarte y desconectar… ¡a toda prisa! Y tenemos la Meditación de Starbucks, que es una manera sumamente sencilla de que empieces el día siendo plenamente consciente de lo que está ocurriendo aquí y ahora. Luego, por supuesto, está una de mis favoritas: la Meditación Siente el Amor, indicada para cuando alguien te vuelve realmente loco y necesitas tranquilizarte.

En «Sigue adelante», te hablaré de algunas otras prácticas relacionadas con la meditación que tal vez desees analizar, como los baños de sonido (la experiencia más apaciguadora de *mi vida*), la sanación con cristales (una forma con más fundamento de lo que imaginas) y la meditación para niños (cambiaron mi vida como madre). Y todo, claro está, de forma concisa y absolutamente asequible.

Hace algunos meses una periodista me estaba entrevistando para un programa de la televisión. Estábamos hablando de nuestro método de condensación y simplificación de la práctica de la meditación mindfulness, y me preguntó con un dejo de desprecio en la voz: «De acuerdo, ¿pero esto no equivale a convertir la práctica de la meditación en una especie de McMindfulness?»

¿Que cuál fue mi respuesta?

—Eso espero, ¡porque lo que quiero es que todo el mundo pueda darle un mordisco!

Bon appétit, amigos. Pasemos a desconectarte.

Toma asiento

A delante. Coge un cojín. Ésta es mi introducción simplificada a la desconexión. Te contaré qué es exactamente la meditación y qué no es, cómo funciona, qué puedes esperar que suceda y cómo y por qué exactamente esto cambiará espectacularmente tu vida. Ni alborotos, ni líos. Fácil y sencillo... como la meditación misma.

Desconectado

E ra un día normal de mi vida como editora de *Glamour*. Había volado desde Nueva York a primera hora de la mañana para llevar a cabo un cambio de imagen de las aficionadas de NASCAR en el garaje donde un equipo preparaba los vehículos para la carrera automovilística. Con solo unas pocas horas para hacerlo bien, estábamos muy ocupados. Además, *Good Morning America* estaba grabando la sesión de maquillaje para un reportaje. Pero no estaba preocupada; cuanto más apretado fuera el tiempo de que disponíamos, y mayor el desafío, más deprisa me movía.

Estaba haciendo los preparativos cuando saqué la bolsa de ropa que mi ayudante había preparado para llevar con nosotros. En cuanto vi lo que había dentro de la bolsa, supe que estábamos en apuros. Había metido lo que no debía. Y no solo unas pocas prendas; la colección entera era el perchero de desechos que mi jefe había indicado con claridad e insistencia que NO COGIÉRAMOS. Mala cosa. Aquel rodaje le estaba costando a la revista por lo menos 50.000 dólares entre vuelos, hoteles, furgonetas de localizaciones y otras cosas, aparte de que tuviéramos asignado un horario para salir en directo por televisión; si esto no se producía, huelga decir que sería muy negativo y que toda la responsabilidad recaería sobre mi.

De acuerdo, pensé, tratando de conservar la calma. *Sustituiremos parte de la ropa en alguna tienda cercana y salvaremos la situación.* Seguí en la fase de arreglarlo todo a toda velocidad hasta que averigüé que la tienda más próxima que vendía ropa era un Sears situado a más de treinta kilómetros de distancia. Fue entonces cuando irrumpió el pánico. Sentí la sangre agolpándoseme en el rostro, y el corazón me empezó a martillear desenfrenadamente en el pecho. Y entonces me puse como loca.

Primero me puse a gritar. No me produce ningún orgullo admitirlo, pero sobre todo le grité a mi ayudante. Acto seguido me metí en el baño y rompí a llorar. Sé que estamos hablando de una sesión fotográfica de moda, así que a la mayoría todo esto podría parecerle un poco frívolo, pero me invadió la sensación de que toda mi carrera profesional estaba en peligro. Me puse enferma.

Al final, después de treinta minutos de una tensión, un pánico y un caos estratosféricos, conseguí recobrar la cordura y rápidamente lo convertí en una sesión fotográfica en la que solo mostramos a las participantes de cuello para arriba. El rodaje estaba salvado, aunque ya no podía deshacer el daño emocional colateral que había provocado, tanto en mí como en mi ayudante. Aquel día terminé la sesión agotada, llena de remordimientos y profundamente avergonzada.

Avancemos rápidamente al mes pasado, a una de esas típicas y preciosas tardes soleadas de jueves en Los Ángeles. Acababa de terminar de dirigir un grupo privado de meditación y estaba de un humor fantástico. Otro profesor estaba a punto de empezar otra clase, así que entré en mi despacho, situado en la parte posterior del estudio, para resolver algún papeleo. A los pocos minutos de que empezara la clase, oí unos ruidos muy fuertes procedentes de la calle. El estudio está situado en Wilshire Boulevard, una importante y bulliciosa avenida, así que no era raro oír ruidos, aunque aquellos eran distintos a los sonidos callejeros normales. Así que la gerente, Deborah, y yo salimos para ver qué estaba sucediendo.

Justo delante de nuestro edificio, vimos a dos agentes de policía teatralmente agachados, tal y como se ve en las series policíacas, que apuntaban sus armas ante nuestras narices hacia el banco contiguo. Nos gritaron que volviéramos a entrar de inmediato, cerráramos las puertas y nos alejáramos de las ventanas. Al instante me sentí total y absolutamente invadida por el mismo pánico. Estaba totalmente espantada, y a juzgar por la palidez y expresión de aturdimiento en el rostro de Deborah, me di cuenta de que a ella le sucedía otro tanto.

Volvimos a entrar corriendo y cerramos la puerta rápidamente. Apenas pasaron tres segundos antes de que mi aprendizaje se impusiera y le dijera a Deborah: «Tenemos que respirar». Lo hicimos lenta y profundamente tres veces y de inmediato pasamos del frenesí a la calma. Entonces, volví a entrar en el estudio, donde había diecinueve alumnos que estaban en la gloria, del todo ajenos a lo que estaba sucediendo en el exterior. Tras interrumpir la clase y explicarles la situación, los conduje a todos a la sala posterior, donde no había ventanas. Sí, era aterrador pensar que las balas pudieran atravesar los muros o las ventanas, pero conservé la calma más absoluta y, como consecuencia, logré que todos los demás también la conservaran.

Ese día —cuando me enfrenté a un verdadero peligro potencial— no perdí la calma. Ni me aterroricé ni, a su vez, aterroricé a los que me rodeaban. No empeoré una mala situación incrementando la tensión; en vez de eso, conservé la concentración y el control y salí de aquel conflicto sintiéndome orgullosa, productiva y serena.

Como una hora más tarde, la policía llamó a la puerta y nos dijo que la situación era ya un «Código 4», lo que significaba que todo estaba en orden. Aunque los atracadores habían huido del banco con el botín, nadie había resultado herido, y podíamos volver a la normalidad.

Si te cuento esta historia es porque eso es exactamente lo que sucede cuando aprendes a desconectar: hacerlo puede convertir toda tu vida en un Código 4, independientemente de lo que esté sucediendo. Da lo mismo una metedura de pata en el trabajo o un arma que apunte en tu dirección: tu cerebro reacciona de la misma manera cuando percibe una amenaza, y el mecanismo biológico de lucha o huida entra en juego. El corazón trepidante, la tensión muscular, la aceleración del torrente sanguíneo, la limitación de la concentración y todo lo demás son reacciones bioquímicas de tu organismo que te preparan para un ataque cierto; tu cuerpo no sabe si el ataque llega bajo la forma de un jefe furioso o de una bala que vuela. Desconectar te permite reaccionar con calma y de manera racional y mantener tu paz, sin importar cuál sea.

Piensa en la cantidad de minutos, horas o días que has perdido por causa de un problema en tu trabajo o en tu vida personal. Con independencia de lo insignificante que el acontecimiento pudiera parecerle a los demás, para ti es *descomunal*. Ese problema te sacude emocionalmente, te roba la concentración, te provoca de todo, desde dolores de cabeza e hiperacidez a cosas peores, y a menudo te deja sintiéndote culpable o avergonzado por tu reacción.

Cuando aprendes la manera de desconectar, recuperas el control y puedes elegir: treinta minutos de tensión por las nubes y —tomo prestada la frase del mundialmente famoso maestro de la meditación Davidji— reducir a cenizas el pueblo que te rodea (junto con todas las repercusiones del acto) o pasar de la locura a la tranquilidad en tres segundos y salvarte tú y el resto de la gente del pueblo. Después de experimentar ambas cosas, te puedo prometer que nunca más voy a volver a lo primero.

Desconectar no significa apagar o huir. No se trata de «darse un respiro» o estar en la inopia. Salir a correr, leer un libro o recibir un masaje son actividades relajantes, pero no son la clase de desconexión de la que estoy hablando.

Desconectar significa desengancharse conscientemente de lo que sea que te esté provocando (el peligro percibido), reiniciar y empezar de nuevo desde un lugar neutral y empoderador. Esto es, te desconectas conscientemente de la corriente alocada durante unos minutos y te recargas de una manera concentrada para llegar adonde quieres ir. Esto te confiere la capacidad para pasar conscientemente del pánico a la calma, de la ira a la razón, de la tristeza a la felicidad. Los problemas complejos parecerán tener una solución más fácil; podrás ver con claridad lo que quieres, liberarte de la obsesión y la preocupación y tomar rápidamente decisiones que estén en consonancia con lo que realmente te importa. Tendrás la fuerza para resistirte al hartazgo y mantener la calma cuando tu hijo, cónyuge o jefe te esté sacando de quicio.

¿De verdad la meditación puede hacer todo esto? Sí. Todo lo que tienes que hacer es practicarla unos pocos minutos al día. Es como ir al gimnasio: si perseveras, acabarás por ver los resultados. Y si eres escéptico, pues fantástico, ¡*deberías* preguntarte qué es lo que ganas con ello! En los capítulos siguientes, voy a decirte qué puedes esperar exactamente que suceda y a demostrarte cuánto más fácil y agradable será tu vida cuando asumas el control de tus emociones y reacciones y de tu mente.

¿De qué te quieres liberar? ¿Qué quieres conseguir? Todo eso sucederá cuando aprendas a desconectar y meditar.

¿Qué es la meditación?

La meditación es una práctica que te enseña a desconectar de las distracciones y a experimentar el momento presente.

Un momento, ¿eso es todo?

Sí, eso es todo. Pero espera, porque voy a explicarte por qué es tan importante.

Según la National Science Foundation, una persona tiene aproximadamente cincuenta mil pensamientos al día. Los pensamientos no paran de llegar a lo largo del día, desviando nuestra atención del momento presente. El problema es que éste, el momento presente, es bastante importante, porque es donde realmente está teniendo lugar nuestra vida. Ni hace cinco minutos ni dentro de cinco minutos, sino aquí mismo, en este preciso momento. Eso es todo lo que hay. Podemos rumiar sobre lo que ocurrió ayer o preocuparnos por lo que tenemos que hacer mañana... nada de lo cual está sucediendo en realidad *en este momento*.

Ya sabes cómo actúan esos minitornados mentales: *Tengo que recoger la ropa de la tintorería... Me preguntó por qué lo llaman «lavado en seco»... Tengo que comprar la cena... ¿Qué debería poner para cenar?... humm, me encanta ese sitio indio al que fui con Amy... Me encantaría ir a la India algún día... Cómo habrá sido el viaje de Joe... Tengo que llamarlo...* Los expertos en meditación llaman a este ir brincando de idea en idea «mente de mono». Yo lo llamo «cerebro de Google».

Otros pensamientos pueden desencadenar importantes sentimientos agobiantes que nos absorben de verdad. Esto suele suceder
cuando pasamos por algo inesperado. Algo sale de manera distinta a
lo que queremos, y automáticamente pasamos a nuestra respuesta
acostumbrada (y por lo general, no muy sosegada). Sucede algo
como esto:

> Tu jefe te critica: *Menudo cretino... Odio este trabajo... mi
> profesión apesta...*
> Pierdes la cartera: *Soy un idiota... Nunca hago nada a dere-
> chas... No valgo para nada...*
> Te metes en un embotellamiento de tráfico demencial: *Son
> todos idiotas... por qué vivo aquí... esta ciudad es un asco...*

Somos humanos; estas reacciones automáticas son absolutamente normales. El problema es que no solo perdemos la compostura;
también perdemos la oportunidad de decidir sobre nuestra manera
de responder. Los pensamientos y las emociones toman el control y
nos vemos impotentes para impedírselo.

Pero tengo buenas noticias que darte: el mero hecho de que el
tren de la locura pare en la estación no significa necesariamente que
tengas que subirte a él. Hay una manera de tener el control de tus
reacciones y emociones, en lugar de que ocurra a la inversa. Es verdad, no podemos impedir que esos cincuenta mil pensamientos, habituales o no, lleguen a raudales. Pero con la meditación, entrenamos a nuestro cerebro para *dejar que los que no nos sirven pasen de
largo*. La meditación te enseña a dirigir conscientemente tu atención
adonde quieres que esté, especialmente cuando estás perdido en la
tierra de la distracción o de la reacción. En esto consiste el acto de
desconectar. Lo haces mientras estás en tu meditación, de manera
que se convierta en una costumbre arraigada de tu vida cotidiana.

Cultivas tu capacidad para dirigir tu atención, y a partir de ahí llegas a decidir cómo quieres reaccionar en cada circunstancia, en lugar de parecer una marioneta a merced de tus conexiones automáticas.

Davidji, el maestro de meditación, formula una analogía al respecto que me encanta. Compara nuestros cerebros con los teléfonos móviles con mensajes de texto, correos electrónicos y otras alertas que afluyen a raudales sin parar. Cuando entrenamos a nuestro cerebro mediante la meditación, los pensamientos siguen afluyendo, *pero ya no nos molestan*. Podemos ver los pensamientos que no son deseados y arrastrarlos hasta la carpeta de Borrar, o, mejor aun, acallarlos. La meditación te enseña a decidir de manera activa adónde dirigir tu energía, en lugar de responder reactivamente a cada pitido y tono que oigas.

Pero esto es solo la mitad del proceso. Con tu mente tranquilizada y orientada, puedes acceder al asombrosamente claro y apacible momento presente. ¡Ahí es donde está la felicidad! El momento presente es el billete para todo lo que estás buscando: felicidad, amor, estabilidad, seguridad, sabiduría, atención y calma interior. Una vez que lo sientas, querrás más y más. Es mejor que unas vacaciones; mejor que una terapia; mejor que ir de compras, el golf o el chocolate. ¡Ah, y es gratis!

Esta es la sencilla formula que denomino «La Sencilla Fórmula de la Meditación Directa» que te llevará allí. Hay muchas maneras distintas de meditar, sobre las que leerás más adelante; ésta es la más sencilla y la más básica y es ideal para principiantes y minimalistas modernos. En la página 115, te daré todos los detalles que necesitarás para poder hacerlo solo, pero por el momento, he aquí un adelanto de cómo funciona:

Empiezas centrándote en un único punto. Como, por ejemplo, tu respiración, un objeto o una palabra (un *mantra*; hablaremos más sobre los mantras después). Esto te desvía de tus pensamientos y hace que pases de ir a toda velocidad al modo de paseo. Te sientas, respiras y te concentras. Nada sofisticado ni nada complicado.

En cierto momento, dejas de prestar atención a aquello en lo que estuvieras concentrado. Esto puede suceder de manera inconsciente, como suele ocurrir al principio, o de forma deliberada, cuando llegas a ser más consciente de este hecho; pero sea como sea, es solo lo que hace tu cerebro. En esa milésima de segundo en que olvidas, se abre un vacío. Durante un instante —por breve que sea—, te dejas llevar a ese dulce vacío de la nada que es la conciencia pura. En ese preciso momento, ésa es la experiencia de estar plenamente en el momento presente. Ni reproduces el pasado ni te proyectas en el futuro, tan solo estás en el aquí y ahora.

Es en ese vacío donde están las cosas buenas. Es algo así como... el mejor regalo, el momento perfecto de la conciencia plena, la paz y la relajación. Toda la tensión y todo el ruido desaparecen y valoras plenamente la belleza, el silencio, todo. Yo me lo imagino como ese momento durante las vacaciones en que estoy completamente rejalada. Estoy tumbada junto al mar, con mi libro a un lado, y no estoy durmiendo ni pensando en nada que no sea: *Qué bien me siento*. Así es como es el vacío. Puede que al principio solo pases una milésima de segundo ahí, pero con el tiempo la estancia se va haciendo cada vez más larga y mejor.

El resto de la práctica discurre como en un bucle. En cuanto te das cuenta de que tus pensamientos se han vuelto a colar para sacarte del vacío, reconoces lo que hay y te vuelves a concentrar en el punto concreto y empiezas de nuevo. Y esto es todo lo que hay que hacer:

Concentrarse
Olvidarse
Dejarse llevar al vacío

Darse cuenta y reconocer que los pensamientos vuelven a
asomar
Concentrarse de nuevo
Repetir

Si piensas en ello, esa fórmula de volver al centro es aplicable a
todo. Y por *centro* me refiero al aquí y ahora en cuerpo, mente y
alma. Cuando no estás repitiendo el pasado o preocupándote por el
futuro, puedes pensar con claridad y reaccionar con tranquilidad,
porque estás asentado en el momento presente. Digamos que metes
la pata y pinchas en Responder a Todos en un correo electrónico y
hieres los sentimientos de alguien. Mal rollo, ¿no? Aunque con la
práctica de la meditación establecida en tu mente, en lugar de perder
horas o días machacándote por este error del pasado —aunque haya
ocurrido hace dos minutos— o preocupándote por el efecto que ten-
drá en el futuro, puedes reconocerlo, perdonarte y volver a este momento presente exacto. Si tienes que enmendar las cosas, lo harás.
Pero lo harás desde el centro. Tendrás el control, en lugar de empeo-
rarlas reaccionando cuando las emociones sobrealimentadas domi-
nen el cotarro. Así es cómo la meditación cambia tu vida.

Disfrutar del momento presente meditando capacita a tu cerebro
para permanecer despierto a él a lo largo del resto del día. Y la verdad, en esto consiste todo el asunto. Tan a menudo estamos pensando en todo SALVO en lo que está sucediendo realmente delante de
nosotros, y nos estamos perdiendo el momento en el que estamos
ahora mismo. Estás de vacaciones pensando en el trabajo; estás en el
trabajo pensando en tus hijos; estás con tus hijos fantaseando sobre
dónde deberíais ir las próximas vacaciones. Estamos tan ocupados
tratando de llegar al momento siguiente que nos perdemos éste.

Estar despierto significa que cuando estés con tus hijos, tus amigos o tu pareja, estés realmente *con* ellos. Que cuando estés en el

trabajo, tu cabeza esté concentrada en lo que haces. Que cuando la jornada termine, puedas volver a casa sintiéndote satisfecho por saber que hiciste un buen trabajo. Que cuando comas, dejarás de llevarte la comida a la boca sin pensar y saborearás realmente la comida. Tal vez parezca un poco cursi, pero todo te parece más vivo cuando lo vives plenamente en el momento presente.

La meditación te ayuda a abrazar los momentos presente para que ellos —y tu vida— no pasen de largo por tu lado. A la postre, ¿no es eso lo único que realmente importa?

La meditación: desacreditada, desmitificada y absolutamente factible

Supongo que has oído hablar de todos los beneficios de la meditación. Hoy día parece como si todo el mundo, desde Deepak Chopra a los científicos de Harvard pasando por la revista *Time*, ponderase la mejora radical que la meditación puede suponer en tu vida a todos los niveles.

Así que sabiendo todo esto, ¿ya estás meditando? No pretendo juzgarte, pero supongo que la respuesta es no, y lo es por las mismas razones que no meditaba yo. En efecto, yo creía que me quitaría mucho tiempo al cabo del día; que tendría que «apagar» mi cerebro, lo cual me resultaría imposible...; o peor aun, que tendría que permanecer absolutamente inmóvil, lo que *sin duda* se escapaba por completo a mis posibilidades. Resulta que nada de esto es cierto. Y debido a que la meditación tenía este halo de misterio y misticismo, también suponía que era compleja y difícil de aprender. Una vez más: ¡no es verdad!

Para ser sincera, también pensaba que la meditación era cosa de colgados. Siempre había pensado que los meditadores eran jipis, monjes o gurús que encontrabas o en librerías especializadas en metafísica o en una cueva del Himalaya. Nunca imaginé que los ejecutivos de alto nivel utilizaran la meditación como herramienta para triunfar en los negocios; ni que los actores o locutores famosos de la televisión echaran mano de ella para tranquilizarse y centrarse antes de salir al aire; ni que lo hicieran las amas de casa para encontrar la paz en medio de las tensiones de la crianza de los hijos y del caos de los viajes en familia. Para mí había algo que sin duda no encajaba.

Hay muchas ideas erróneas acerca de la meditación circulando por el mundo adelante, y quiero aclarar las cosas para que puedas apreciar lo sencillo, fácil y normal que es en realidad. Si eres un escéptico atareado que quiere pasar directamente a la acción, puedes saltarte esta parte e ir directamente a la página 97, donde encontrarás la manera de hacerlo. O bien puedes seguir leyendo para descubrir diez hechos esenciales que podrían sorprenderte.

1. Fácil de aprender

Creo que te lo acabo de demostrar. Sigue adelante.

2. Cualquiera puede hacerlo

Sí, incluso tú. Aunque jamás te hayas imaginado haciendo algo parecido; aunque lo hayas intentado una vez anteriormente y te resultara aburrido; aunque pienses que eres incapaz de desconectar tu mente (véase la página 49 para una feliz noticia de última hora: no es necesario hacerlo); aunque estés plenamente convencido de que jamás de los jamases podrías permanecer quieto.

Como ya he dicho, puedo entender lo de la parte relativa a estarse quieto. A veces, yo misma sigo teniendo problemas con eso. Aunque cuanto más lo hagas, más fácil resulta. Te lo prometo. Al principio, si tienes que moverte, corregir tu postura o rascarte por un picor, hazlo. ¿Quién te lo impide? No hay ninguna ley de la meditación que diga que tienes que permanecer inmóvil como una estatua.

Si te preocupa que pueda resultar aburrido, seré sincera contigo: es posible que cuando empieces a meditar a veces te pueda parecer aburrido, sobre todo si lo estás haciendo solo y en tu casa. Vaya, seamos sinceros: estás sentado ahí y nada más. Pero muy pronto, empezarás a experimentar ese bendito vacío durante momentos cada vez más prolongados. Tomas conciencia de cómo funciona tu mente, y los pensamientos empiezan a hacerlo más interesante. Y de repente, *lo consigues:* ¡Puedes controlar de veras tu mente! Entonces los resultados más importantes empiezan a aparecer en tu vida (véase «Cosas extrañas y maravillosas que pueden suceder» en la página 61), y el aburrimiento desaparece como por ensalmo. No tienes más que superar ese obstáculo inicial, y entonces empezarás a ansiar meditar. Como dice Steve Ross, el querido maestro de yoga y profesor de meditación de Unplug: «Al principio, has de tener un poco de fe en el proceso. No mucha. Pero sí algo».

Si piensas que la meditación sencillamente «no es lo tuyo», no eres el único. Eso se lo he oído decir a muchas personas. Pero decir que la meditación «no es lo mío» es lo mismo que decir que respirar «no es lo mío». Si puedes respirar, puedes meditar.

Soy la chica que siempre decía que era incapaz de meditar; que es-
taba demasiado ocupada mentalmente; que soy demasiado inquie-
ta; que no me encuentro cómoda, bla, bla, bla. La decisión estaba
tomada. Eso no era para mí. Pero mi nivel de estrés estaba por las
nubes, y me di cuenta de que si no hacía algo distinto, en mi vida no
cambiaría nada. Un día, me pareció que iba a explotar, así que se-
guí el consejo de mi novio, que medita casi todos los días, y me
apunté a un curso de Unplug. No solo funcionó... ¡funcionó ense-
guida! La meditación me ayudó a encontrar la confianza y la tran-
quilidad que echaba tanto de menos. Nadie resultó más sorprendi-
da que yo cuando aquello se convirtió en algo que anhelo y que
espero continúe durante mucho tiempo.

BETH, 29 AÑOS, DIRECTORA DE DESARROLLO COMERCIAL

3. No pasa nada (por lo general)

La maestra de meditación Megan Monahan empieza sus clases con
algo que siempre me hace reír. Dice: «Os voy a destripar el misterio:
en esta sala no va a suceder nada». Esto suele ser verdad. La mayor
parte del tiempo, solo nos concentramos en nuestra respiración y
conectamos con la fuerza de estar plenamente presentes. No hay una
línea de meta, ni fuegos artificiales, ni santo grial, ni ganadores. No
practicas para conseguir algo; sentarte tranquilamente y respirar al
menos una vez al día *es* el logro.

Si te digo esto es para que no te sientes allí esperando a que se
produzca un momento de gran espectacularidad y que, en conse-

cuencia, cuando no se produzca, pienses: «Lo estoy haciendo mal», o «Esto no funciona.» En la práctica de la meditación no hay mucha espectacularidad.

Y a veces, tendrás algunos «dilatados momentos de meditación guais», como nos gusta decir aquí en California. Pueden consistir en cualquier cosa, desde ver destellos de colores, como círculos morados, a tener la sensación de estar flotando o tener importantes revelaciones vitales en las que brotan ideas e intuiciones geniales. (Pero no dejes de meditar para anotarlas. Si realmente son tan buenas, seguirán estando al terminar.)

Davidji compara las meditaciones con los copos de nieve, porque nunca hay dos iguales. En cuanto comprendes que cada vez que te sientes la cosa será diferente, dejarás de intentar copiar la anterior. Los momentos guais no son algo que se pueda tener a la carta. Son momentos que a veces acompañan al estar plenamente presente, ¡pero sin garantías!

Aunque no tengas ningún momento guay y estés ahí sentado bregando con tu cerebro y pasando de tu mente racional a tu respiración una y otra vez, sigues haciendo algo bueno. Sigues atravesando el vacío. Lo que importa no es lo que sucede cuando lo estás haciendo; es lo que sucede después.

Puede que no lo sientas mientras estás sobre el cojín, pero el resto del día tendrás una gran sensación de paz, conciencia y calma. Fuera de la habitación, advertirás que te dejas atrapar menos en las historias y que eres más consciente del funcionamiento de tu mente. Es algo como: *Ah, sé que hago esto o aquello cuando las cosas no van bien... Aunque ahora mismo, no voy a hacer eso... En su lugar, voy a centrarme en mi respiración...* Llegas a ser consciente de tu manera de pensar y te alejas de tus pensamientos y reacciones resultantes que no te sirven, igual que lo haces dentro de la habitación. Es posible que ni siquiera te des cuenta de que la meditación es la causa hasta que lleves haciéndolo durante algún tiempo.

Angela, de 42 años, es una coordinadora de actividades de una gran empresa. Tres veces al año, organiza una enorme conferencia para más de dos mil empleados, y tres veces al año la semana previa al acontecimiento se ponía frenética. Sus amigos y familiares llegaron a conocer la rutina tan bien que la llamaban la «semana infernal». Angela empezó a meditar de manera continua, y no fue hasta la víspera de una de esas conferencia cuando se dio cuenta del efecto que la práctica estaba teniendo en ella. ¡En esa ocasión no había perdido los estribos para nada! Se reía mientras me lo contaba: «No me entiendas mal; no es que todo hubiera salido perfectamente. Por favor. Pero sin saber cómo, fui capaz de lidiar con todo sin ponerme tan estresada. Estoy tan sorprendida, ¡y mis amigos y en mi familia están ASOMBRADOS!»

Por lo tanto, no te preocupes si no sucede nada mientras estás meditando. Porque, lo sepas o no, allí están pasando grandes cosas. Como dice Olivia Rosewood, profesora de Unplug: «Aunque la meditación sea sencilla y silenciosa, no ignores su fuerza e importancia ni lo que puede hacer por tu vida».

4. La meditación no es rara

Es posible que te gusten los cristales o encender incienso, y eso no tiene nada de malo en absoluto. Personalmente, me encantan los cristales y la meditación de sanación con cristales. Pero si el humo de la salvia te hace toser o te sientes un poco tonto canturreando «om», tampoco pasa nada, porque no tienes que hacer nada de eso para meditar. No tienes que sentarte con las palmas de las manos hacia arriba en el regazo y con el índice y el pulgar formando un círculo, ni estudiar la geometría sagrada de las piedras de sanación, ni construir un altar en un rincón de tu dormitorio con la foto enmarcada de un gurú encima para obtener los beneficios de la práctica. Ni siquiera tienes que ser vegetariano.

Normalmente, la meditación está envuelta en un aura de misterio y misticismo, así que comprendo que muchas personas la asocien con un montón de cosas raras. Pero, honradamente, después de asistir a muchas, muchas horas de clases y cursos, de meditar a diario (bueno, casi a diario) durante cinco años, de leer docenas de libros y de habar con muchísimos maestros modernos fantásticos, te puedo asegurar esto: la meditación solo es rara si tú la haces rara.

En sí mismo, sentarse y centrarse en un único punto para dirigir tu atención no tiene nada de *new age* ni de superstición irracional. ¿Qué si es una experiencia espiritual? Por supuesto, puedo serlo. Pero ascender a la cima de una montaña espectacular o comerse el melocotón más delicioso del mundo también pueden ser experiencias espirituales. Todo esto significa que es algo que te motiva o te eleva y te conmueve espiritualmente. Ni siquiera tienes que emprender todo el trayecto espiritual si no quieres (aunque para mí, es lo mejor); *aun así,* obtendrás los beneficios de pensar con más claridad y de sentirte más tranquilo y feliz. El truco consiste en seguir tu propio camino y realizar el trabajo de meditación para ti y tu vida.

Y en lo concerniente a la espiritualidad, aclaremos otro mito: la meditación no es una forma de religiosidad. Sus orígenes se remontan a hace 5.000 años en el taoísmo chino y el budismo hindú, y más tarde en el budismo japonés, pero la meditación no está directamente relacionada con ninguna religión concreta. Cristianos, budistas, judíos musulmanes, mormones y cualesquiera otros pueden practicarla y, de hecho, lo hacen; es una actividad transformadora que no discrimina.

La práctica de la meditación es diferente a la oración. En una ocasión oí que rezar es cuando transmites tus pensamientos y tu energía a algo; la meditación es cuando te diriges a tu interior. La religión suele estar enraizada en la creencia en un ser espiritual superior. Para mí, la meditación tiene que ver con conectarse con la propia verdad de quién es uno y su propósito en la vida. En lugar de dirigir la energía hacia un poder superior en busca de inspiración y orientación, uno obtiene esas respuestas de su propio fuero interno.

5. La meditación no tiene que ser larga para ser efectiva

«Me encantaría meditar, pero no tengo tiempo.»

No sé cuántas veces habré oído a la gente decir eso. ¿Y sabes qué? Que tienen razón. Tú no encontrarás el tiempo; tienes que crearlo.

Siempre te va a parecer que no tienes tiempo suficiente cuando tienes que sacarlo para ti. Pero seamos sinceros: cualquiera puede encontrar unos minutos a lo largo del día para hacer algo importante si está decidido a ello. ¿Cuántas veces lo has dejado todo de pronto cuando tu hijo te ha llamado desde la enfermería del colegio; o para ir a un buen espectáculo para el que no quedan entradas porque inesperadamente a alguien le sobra una; o para ayudar a un colega que se encuentra en un apuro? Todos sacamos tiempo para las cosas que nos importan.

Entonces, ¿cuánto tiempo necesitas realmente para meditar cada día? Algunas corrientes de pensamiento dicen que lo ideal son cuarenta minutos al día, veinte por la mañana y veinte por la noche. Algunos dicen que treinta minutos en total. Desde un punto de vista técnico, según la neurocientífica de Harvard Sara Lazar, que ha dirigido innovadores estudios sobre la meditación y el cerebro (véase más al respecto en la página 61), si pasas de no meditar nunca a hacerlo una vez al día durante veintisiete minutos durante ocho semanas, modificarás físicamente a mejor la estructura de tu cerebro. Aunque incluso diez minutos pueden cambiar las cosas. Esto no está científicamente demostrado, pero puedo asegurarte que yo lo noto, y también otras personas.

Tendrás que experimentar para saber lo que te funcione mejor, pero sigue el consejo de la maestra Laurie Cousins, que a sus alumnos primerizos les dice que empiecen con el máximo tiempo diario que sepan que podrán mantener. Sé realista; se trata de hacer que la meditación te sirva y le sirva a tu vida. Aunque solo dispongas de diez minutos al día, algún beneficio sacarás.

Lo irónico del caso es que cuando sacamos tiempo para meditar, descubrimos que en realidad tenemos *más* tiempo a lo largo de nuestra jornada, y no menos. O como en una ocasión nos dijo Arianna Huffington cuando habló en Unplug, resulta que te conviertes en un «potentado del tiempo», ¡en alguien asquerosamente rico en tiempo! En realidad, te parecerá que el tiempo se alarga para ti. Pregunta a cualquiera que medite con regularidad, y te lo confirmará. Jo, que tenía cuarenta años, decía: «Crees que no tienes tiempo para hacerlo... que tienes demasiado que hacer, que estás demasiado ocupada. Pero lo gracioso del caso es que te encontrarás siendo capaz de concentrarte mejor y de hacer más cosas si sacas tiempo para meditar».

He aquí la esclarecedora explicación de Megan Monahan de por qué «ganamos tiempo» gracias a la meditación:

Hay muchas cosas que parecen más importantes que sentarse y «no hacer nada». La gente lo considera perder un tiempo del que realmente no dispone. La razón de que le parezca que no tiene tiempo es que no para de mirar hacia el pasado o el futuro, dos lugares, por cierto, sobre los que no tienes ningún control. Así que estás desperdiciando tus momentos preocupándote por aquellos, y pierdes la poderosa fuerza que tienes en este momento. Uno de los mayores beneficios de la meditación es que acabas más asentado en este momento presente. Esto te proporciona un punto de vista más mentalmente presente, y de pronto estás más concentrado y te parece que tienes más tiempo para hacer las cosas porque no estás saltando permanentemente fuera del momento en el que estás de verdad.

Algunas de las personas más atareadas del planeta meditan: Oprah Winfrey; Kobe Bryant; Arianna Huffington. Ellos encuentran tiempo. Así que nosotros también podemos.

6. La meditación no te hará perder tu agudeza

¿Preocupado por que la meditación te haga puré el cerebro o te convierta en un jipi colgado y desganado? No lo estés. Aunque la meditación rebaje tu tensión, no te rebajará a ti. Por lo tanto, no te hará perder agudeza, capacidad de concentración, productividad ni nada (aparte de tensión, angustia, inquietud o agobio).

De hecho, pasa justo lo contrario.

Los estudios han demostrado que practicar regularmente la meditación en realidad nos hace mucho *más* útiles y *más* productivos. Sin duda, descubrí cuán cierto es esto en propia carne. Meditar me arregla el desorden mental y me vuelve más metódica y reflexiva, menos caótica. Antes me despertaba, me levantaba de la cama de un salto y me abalanzaba sobre mi lista de tareas pendientes. Me pasaba el día excitada y estimulada por todo lo que se me presentaba, para finalmente desplomarme en la cama solo para despertar y volver a hacer lo mismo una vez más.

Ahora reduzco la velocidad por la mañana y conecto conmigo misma en mi meditación. Antes siquiera de levantarme, me quedo literalmente acostada en la cama y hago mis quince minutos. Después, puedo reflexionar y planear *¿Qué es lo que quiero lograr hoy?* Ahora soy más dinámica que reactiva. Tengo la sensación de que controlo mi tiempo, en lugar de sentir que estoy a merced de absolutamente todo lo que surge a cada minuto. Ahora consigo hacer muchas más cosas porque no me dejo atrapar en las espirales de preocupaciones ni pierdo el conocimiento sobre cómo malgasto mi tiempo ni pierdo horas haciendo cosas que no son útiles para lo que trato de hacer ese día (ajá, comprar en internet).

Por otro lado, tengo tanto empuje, pasión y energía como he tenido siempre, o incluso más. También estoy en una situación mucho más ventajosa porque medito. Antes de abrir mi estudio hice muchas cosas, pero ése fue un gran compromiso. Fue algo bueno que tuviera aquella sala de meditación donde meterme allí mismo, porque como empresaria hay momentos en que deseas esconderte en un rincón y ponerte a llorar. Nunca consigues desconectar del todo, porque la gente te necesita las veinticuatro horas al día, los siete días de la semana. El sistema informático se cae... el encargado de la recepción no aparece con la llave y hay veintisiete personas esperando fuera... tu profesor estrella te anuncia que se va a la India durante los tres próximos meses... Y no creas que me limito a decir automáticamente: «Ah, bueno, no pasa nada», cuando ocurren estas cosas. Pero con la perspectiva del don, soy capaz de hacerles frente y superarlas mucho mejor. Ahora me enfrento a los problemas de manera más reflexiva y eficaz, en lugar de desperdiciar mi energía en las cosas que se escapan a mi control.

Cuando trabajaba en el mundo de la moda, a menudo me dejaba llevar por el pánico. Ahora estoy en el modo productivo. Cuando algo va mal, abordo el problema resolviéndolo de inmediato. Antes, los problemas me estresaban. Si no podía conseguir el Look #37 de Michael Kors para una sesión fotográfica, me ponía como loca hasta que lo lograba. En estos momento, si no puedo obtener el Look #37 —o lo que sea el equivalente en mi nueva vida—, cambio de chip en cuestión de segundos y sé que voy a encontrar algo mejor.

Sigo siendo competitiva, solo que de una manera diferente. Ya no miro a derecha e izquierda, porque no tengo necesidad de hacerlo. Compito conmigo misma. No es que haya menos fuego debajo de mí; es solo que está encendido desde dentro, en lugar de intentar que arda con más fuerza que los de los demás. Tengo las ideas más claras que nunca y veo el camino para hacerlas realidad. Muchas personas dicen que confían en su intuición, pero no son capaces de oírla porque están demasiado ocupadas. Yo sí que realmente oigo la mía, porque estoy libre. Ahí es donde está la ventaja competitiva. Es como cuando los Seattle Seahawks ganaron la Super Bowl en 2013 después de que su entrenador, Pete Carroll, incorporara al famoso psicólogo deportivo Michael Gervais para enseñar a meditar a los jugadores. Un periodista de ABC News bromeó diciendo que tenían la «ventaja de equipo om».

A nuestras aulas acuden muchos ejecutivos de alto nivel, y nos dicen que la meditación les ayuda a concentrarse y a tomar decisiones lógicas, no emocionales. Ésa es un ventaja inequívoca. Si el legendario y multimillonario creador de fondos de inversión Ray Dalio dice: «Por encima de todo, la meditación es el ingrediente más importante de todos los éxitos que he tenido en mi vida», creo que todos podemos admitir que la meditación no entorpece ninguna ventaja.

Gracias a las herramientas que he adquirido por meditar regularmente, soy mucho mejor jefa para los integrantes de mi muy variado equipo y les presto mucha más atención. Antes me dejaba llevar por el ritmo frenético de mi jornada laboral y, a veces, me paralizaba a causa de la multitud de decisiones que tenia que tomar a lo largo de una semana. Ahora puedo retroceder, estar presente y ser más reflexiva sobre los pasos a seguir y tomar mucho mejores decisiones. Asimismo, ya no me invento historias sobre lo que «podría suceder», me centro en el lugar en el que estoy y aquello en lo que puedo influir AHORA. Sorprendente (y cómicamente) ¡ahora soy considerada la «juiciosa»! Mi equipo ha notado un gran cambio en mí, y la productividad y compromiso de mi grupo superan todas mis expectativas.

KATHY, 54 AÑOS, VICEPRESIDENTA Y DIRECTORA GENERAL DE BLOOMINGDALE'S

7. No necesitas «apagar» tu mente

El mayor mito que circula sobre la meditación es que se supone que tenemos que vaciar nuestras mentes o detener nuestros pensamientos. Lo que para mí es una buena noticia, puesto que mi cerebro, como probablemente le pase al tuyo, no para las veinticuatro horas del día, los siete días de la semana.

El objetivo de la meditación no consiste, a buen seguro, en detener tus pensamientos; lo que, en cualquier caso, es imposible. Por el contrario, consiste en dejar que surjan, luego dejarlos marchar y volver a tu punto de atención, y así una y otra vez sin descanso. El proceso es la práctica. Es algo así como ejercitar los bíceps mentales. Si haces la misma cosa sin parar, al final desarrollas fuerza. Luego, cuando estás en tu vida cotidiana, ese músculo mental está preparado para servirte. Enseguida te das cuenta de que eso te hace tardar menos en sorprenderte «yéndote por las ramas», y puedes obligarte a volver mucho antes.

Te demostraré cómo se materializa esto en tu vida diaria. Hace unos días, me dirigí al aparcamiento para coger el coche e ir a una reunión y descubrí que alguien me había bloqueado la salida. Nuestro estudio está en un edificio con muchas consultas de psiquiatras, y pasaban diez minutos de la hora, así que mi reacción inmediata fue pensar: *¿Quién ha hecho esto? ¡Menudo cretino! Tengo una reunión... ¡Por Dios! Esto me va a llevar una hora. Y estoy atrapada aquí dentro.* Empecé a reaccionar, sintiendo literalmente que me empezaba a calentar.

No es que ya no me irrite nunca de esa manera. Recuerda: *uno no puede impedir que surjan los pensamientos y los sentimientos.* La diferencia es que ahora puedo redirigirlos rápidamente para que la irritación no se enseñoree de la situación. Así que al cabo de unos segundos, me paré, respiré y me di cuenta de que me podía poner como una loca, pero que eso no serviría de gran cosa. Así que me limité a aceptar la situación y me dispuse a entrar de nuevo para trazar un nuevo plan de viaje.

Entonces sucedió algo inesperado. Una mujer salió del edificio para mover su coche, después de darse cuenta de que quizá estuviera obstruyendo la salida de alguien. Seré sincera: en el pasado, puede que me hubiera marchado soltando un bufido, haciéndole saber lo enfadada que estaba, lo cual habría tenido algún efecto en la mujer, y más tarde en mí, al hacerme sentir mal por ser grosera. Podría haber perdido diez minutos de mi vida enfadándome, sintiéndome tensa y enfureciéndome realmente con ella y conmigo misma. Pero en lugar de eso, solo sentí la negatividad durante un instante y pude desengancharme rápidamente de ella y reaccionar de una manera más racional y amable. En realidad, le di las gracias por pensar en ello y no hacerme esperar hasta que hubiera terminado su consulta. Así es cómo la meditación actúa en mí.

Es importante que dejes que broten tus emociones, de manera que puedas dejarlas marchar y seguir adelante. Las emociones reprimidas provocan enfermedades y depresión, ¿y quién quiere tal cosa? La meditación no impide que sientas más de lo que impide que pienses; lo único que hace es dejar que seas consciente de tus emociones y pensamientos antes. En cuanto tomas conciencia de un sentimiento que está tomando el control, puedes apartarte y observarlo. Te das cuenta, entonces, de que tus pensamientos y emociones no son tú, que son algo independiente. Tu no eres triste; *te sientes* triste. Tú no eres furioso; *te sientes* furioso. *Separarte* de *cómo te estás sintiendo* es el camino hacia la libertad, la vía directa para recuperar tu mente serena y racional.

Tratar de detener o de alejar tus pensamientos negativos no da resultado. El truco consiste en dejarlos que entren de verdad y entonces observarlos y experimentarlos plenamente para que puedas olvidarlos. Un poco más adelante te daré los trucos y consejos del iniciado para poder «olvidar» los pensamientos que te están deprimiendo o irritando. Es mucho más fácil de lo que crees.

He asistido a talleres y comprado cedés, pero la verdad es que nunca pensé que pudiera meditar en serio hasta que entendí de sopetón unas cuantas cosas. La primera, cuando comprendí la idea de que no puedes detener tus pensamientos. ¡Menudo cuento más ge-

neralizado! Luego, el concepto de que puedes verte únicamente como el pensador de los pensamientos y de que éstos siempre van y vienen, aunque puedes volver a centrarte volviendo simplemente a la respiración (o al mantra). ¡Formidable! Estos dos sutiles cambios en mi manera de pensar me abrieron realmente los ojos... y la mente.

LANA, 43 AÑOS, DIRECTIVA DE RELACIONES PÚBLICAS

8. No existe nada parecido a una mala meditación

La única meditación mala es la que no haces.

Esto es lo que Davidji dice, y estoy de acuerdo. Todas las prácticas de meditación son valiosas, incluso las difíciles. Sin duda, hay sesiones de meditación frustrantes en las que te encuentras peleándote con tu mente, pero en realidad éstas son las *más* valiosas. Cuanto más luches, más potente se hace tu fuerza de reorientación. A veces, volver a dirigir tu atención será fácil, y, a veces, no; pero sea como fuere, estás desarrollando la fuerza y haciendo crecer literalmente tu cerebro (enseguida más sobre esto).

Sigo teniendo meditaciones que me resultan frustrantes. Esto sucede habitualmente cuando medito dentro del estudio, en lugar de en casa. Soy la dueña de la empresa, así que mi inclinación natural es la de preocuparme intensamente por la experiencia que está teniendo el resto de los presentes en la sala. ¡Quiero que les encante meditar! Así que estoy explorando mentalmente la habitación en busca de maneras de meditar que pudieran ser mejor para ellos. Pero si estoy allí para meditar de verdad, tengo que detener el «Tenemos que arreglar esto o mejorar aquello» y redirigir mi atención de inmediato. Tengo que liberarme de la idea de que necesito regular el entorno y aceptar sin más cómo son las cosas en ese instante (lo divertido del caso es que cuando lo hago, puedo sintonizar interiormente, y entonces me surgen ideas más importantes y mejores). Eso es el principio de lo que llamo felicidad: estar absolutamente presente y olvidarme de la idea de que puedo controlar las circunstancias. Es asombroso cuánto más feliz me hace eso.

En algunas meditaciones tan solo obtengo treinta segundos de paz. Pero aun cuando pudiera etiquetarlas como «malas meditaciones», no lo son, porque sigo ejercitando mi cerebro. Es un entrenamiento cerebral. El maestro de meditación y escritor Light Watkins llama al reiterado ejercicio de pasar de los pensamientos a la concentración «saltos de tijera interiores». Y el maestro de yoga Baron Baptiste lo denomina «gimnasia para tu testigo interior». Lo llames como lo llames, potenciar tu fuerza mental es algo muy bueno para ti.

De vez en cuando, sigo encontrándome entrando y saliendo de las sesiones, con mis pensamientos luchando por tomar el control. Lo que resulta diferente es esto: antes acababa decepcionado de mí mismo por parecerme que había fastidiado la sesión. Ahora, he aprendido a aceptar mi no aceptación. Ja, ja. ¿Qué ironía, no? Me limito a respirar y a imaginarme que sonrió y a seguir respirando, juzgándome a mí mismo.

CJ, 57 AÑOS, ESCRITOR Y EDITOR

---

9. Hay tantas maneras de meditar como de cocinar un huevo

Ésta es una cita de la maestra de meditación Olivia Rosewood, que es unas de las personas más alegres, encantadoras y brillantes que podrías conocer. Olivia aprendió a meditar a los dieciocho años con George Harrison (sí, *ese* George Harrison) y se pasó años viajando por el mundo trabajando directamente con Eckhart Tolle, y sirva esto solo como botón de muestra de lo interesante y erudita que es. En realidad, la cita exacta —que he adoptado porque estoy totalmente de acuerdo con ella— es como sigue: «Hay tantas maneras de meditar como de cocinar un huevo... ¡y me encantan todas!»

Cuando te aventuras por primera vez en el mundo de la meditación, recibes un bombardeo de todos esos estilos diferentes. Es tan apabullante como todo lo que se expone en el pasillo de los cereales del supermercado. Todos dicen: «O estás conmigo o contra mí», como si las demás marcas no fueran igual de buenas, pero no estoy de acuerdo. Cuando empecé a investigar todo esto, me comprometí a no ser prejuiciosa, y lo que averigüé es que, aunque todos los estilos tengan etiquetas distintas, todos comparten algunos principios básicos. Al igual que los cereales, algunos son mejores que otros para ti y algunos podrían gustarte más. Pero te guste Raisin Bran o te guste Chex, en el fondo sigues comiendo cereales.

Existen muchos linajes en el mundo de la meditación, y tendrías que dedicar años para estudiar la historia y los entresijos de cada tipo. Aprender es interesante, pero sinceramente, *no necesitas* toda esa información para meditar. Yo te daré una rápida hoja de respuestas para que puedas ver de qué manera están todas relacionadas, aunque también sean diferentes. En cuanto te pongas en marcha, te animo a que pruebes todos y cada uno de esos estilos, a fin de comprobar cuál es el que mejor resultado te da.

Existen tres campamentos principales de meditación:

1. Campamento Mantra
2. Campamento Mindfulness
3. Campamento de la Conciencia Guiada

En el bando mantra, tienes lo que se denomina la «meditación basada en el mantra». Mantra es una palabra sánscrita que se traduce como «instrumento mental»: *ma* significa mente, y *tra*, instrumento. El mantra es una palabra que repites una y otra vez en silencio como elemento de atención. Es un vocablo sin ningún significado que te aleja de tu charla interior y te mete en ti mismo. Generalmente es algo muy sencillo, como *om* o *Yo soy*. Al repetirla, dejas entrar todos los sonidos y sensaciones que te rodean, pero cuando te percatas de que te alejas mentalmente de tu mantra, haces que tu mente retorne a él lenta y amablemente.

Así es esta práctica; empiezas una y otra vez. De vez en cuando (y cada vez con mayor frecuencia cuanto más lo haces), experimentas la brecha que se abre entre la atención al mantra y los pensamientos normales. Ése es el espacio vacío sin preocupaciones, miedos ni distracciones. La sensación de amplitud y pura conciencia es maravillosa. Y entonces... ¡BUM! Tu mente te absorbe, sacándote de ese precioso espacio y metiéndote de nuevo en los pensamientos. El regreso lo haces una vez más por medio del mantra.

Me gusta emplear el mantra, porque es un instrumento rápido y fácil para alejarse de los pensamientos. Se parece bastante a contar: no puedes contar de uno a diez y pensar al mismo tiempo. Inténtalo ahora mismo y verás lo que quiero decir.

En los jardines del Campamento Mantra existen tres literas diferentes:

Litera Uno: meditación trascendental («MT»)
Litera Dos: meditación védica
Litera Tres: sonido primordial

La MT es el estilo de meditación instaurado por el Maharishi Manesh Yogi, conocido como el gurú de los Beatles. Creó este estilo en la India y lo llevó a Occidente a finales de la década de 1950. La MT tiene sus propios mantras registrados que son cargados de energía por el Maharishi, y que se te transmiten como tu palabra secreta que se supone no puedes revelar a nadie más. Durante cuatro días los trabajas uno a uno con un instructor, por lo general en su casa o en un centro de meditación. La enseñanza comienza con una ceremonia especial, en la que ofreces al maestro flores y frutos, y él canta una canción en sánscrito y enciende incienso en un altar cubierto de arroz, cuentas de mala (cuentas de oración hindúes) y una foto enmarcada del Maharishi Manesh Yogi. El maestro te enseña la filosofía de la meditación, y meditas con él veinte minutos cada vez, utilizando estas palabras personales para alejarte de tu mente pensante y adentrarte en tu silencioso centro del aquí y ahora. Ésta es la versión abreviada de lo que es la MT; puedes profundizar en su lectura en la página web oficial de la MT, tm.org.

Justo al lado, en la Litera Dos, tienes la meditación védica. Ésta es anterior a la meditación trascendental y parecida a ella, solo que sin registro de marca. Los mantras védicos han sido transmitidos por muchos gurús distintos. Aunque el altar y la ceremonia guardan similitudes con los utilizados en la MT, el gurú enmarcado no es lógicamente el mismo.

Sigue por el camino y llegas a la Litera Tres: el sonido primordial. Este estilo de meditación utiliza un mantra que provoca un sonido vibratorio especial. Por ejemplo, «om». El sonido primordial hunde sus raíces en la tradición védica. Según esta creencia, hay un sonido particular que te conmueve basado en el sonido que estaba haciendo el universo en el momento en que naciste. Hay maestros capaces de calcular por ti tu sonido primordial, pero si quieres intentar esto por tu cuenta, puedes limitarte a repetir «om» profundamente para que resuene en tu pecho y ver qué se siente.

En la otra orilla del lago encuentras el Campamento Mindfulness. Los que aquí acampan creen que son muy diferentes de los del Campamento Mantra, pero en esencia la experiencia es parecida, a excepción de la ceremonia. Sin embargo, en lugar de utilizar un mantra, aquí utilizas tu respiración para llevarte al mismo sitio. También puedes utilizar un punto externo en el que concentrarte, como la llama de una vela, un olor o un sabor, cualquier cosa que te ancle al momento presente. Las pruebas científicas demuestran que tu cerebro presenta efectos y resultados similares ya te concentres en tu respiración, ya en una sensación o en una palabra. Recuerda, todos son cereales, y todos son buenos.

Jon Kabat-Zinn y Jack Kornfield son los fundadores del Campamento Mindfulness. El primero es autor del clásico de la meditación *Mindfulness en la vida cotidiana* y fundador del famoso programa de Reducción del estrés basado en el mindfulness (MBSR, en sus siglas en inglés), un curso de ocho semanas creado inicialmente en 1979 en el Centro Médico de la Universidad de Massachusetts. Los beneficios del MBSR para ayudar a la gente a enfrentarse a todo, desde el estrés diario a las enfermedades muy peligrosas, han sido demostrados científicamente. Cientos de centros médicos de todo el mundo, incluidos Duke Integrative Medicine y el MD Anderson Cancer Center, ofrecen programas inspirados en este curso.

Jack Kornfield está considerado por la mayoría como uno de los padres fundadores del budismo en Occidente. Es autor de grandes éxitos de ventas y lleva enseñando meditación desde hace más de cuarenta años. Kornfield fue pionero en la práctica del Vipassana, una versión budista de la meditación mindfulness que se originó en la India (la palabra sánscrita *vipassana* significa «ver las cosas como realmente son»). Seguimos hablando de respiración y de concentración en un punto, también. Solo cambia el nombre y el fundamento intelectual y espiritual.

Por último, al final del camino, te encuentras con el tercer campamento, el de la Conciencia Guiada. En este campamento, tu guía te conduce por un viaje hasta un lugar concreto por medio de sus instrucciones verbales. Me gusta considerar el Campamento de la Conciencia Guiada como un tranquilo campamento espacial, porque es algo así como ir en avión a nuevos lugares. Piensa que viajas al Caribe mentalmente o que visitas a tu futuro yo o que descubres deseos o sueños ocultos de los que jamás tuviste conocimiento. Me encantan las imágenes guiadas porque nunca sé qué voy a experimentar o a descubrir.

En las imágenes guiadas, en lugar de concentrarte en un mantra o en tu respiración, te concentras en la voz del maestro y sigues el sendero imaginado por el que te está guiando. Te introduces a la deriva en tus pensamientos y, en lugar de volver a llevar tu atención a un mantra o a tu respiración, te rediriges a la voz del guía y a tu imaginación.

Bueno, todo esto para decir: huevos revueltos o cocidos o con la yema para arriba... ¡vale la pena probar todos los estilos para ver cuál te gusta más!

Y hablando de las muchas y diferentes maneras de meditar...

10. Correr, cocinar, jugar al golf... eso no es meditación

Mucha gente considera correr, conducir, leer o cualquier otra cosa que hagan sistemáticamente para «concentrarse» como su meditación. Sí, esta clase de actividades son *meditativas*, por cuanto pueden sacarte de tu flujo de pensamiento normal. Pero no son *meditación*. En efecto, estás desconectándote de una manera que sin duda es valiosa, pero hay una diferencia esencial: con estas actividades, estás divagando, lo cual es justo lo contrario a concentrar tu atención en un único elemento. Como ya sabes, esa concentración es el objetivo de la meditación. La reorientación de tu atención cuando ésta deambula es el acto que con el tiempo reconfigura tu cerebro... Y tu vida.

Como Davidji explica: «Si te limitas a permitir que los pensamientos entren y salgan fluidamente, serás llevado a este gigantesco viaje que equivale en realidad a soñar mucho despierto. Pero si tienes un objeto al que hacer regresar tu atención, como tu respiración, entonces estás cultivando algo».

Así que, desde luego, sal a correr o prepara una hornada de galletas si eso te relaja. Y luego, siéntate a meditar para que en última instancia puedas disfrutar y apreciar esas cosas cien veces más de lo que ya lo haces.

Cosas extrañas y maravillosas que pueden suceder

Deseo sinceramente que todos los habitantes del planeta mediten. Ése es mi objetivo, porque la meditación hace a todos mejores. Sé que esto es verdad debido a lo que he visto y experimentado, pero como he dicho antes, lo que es todavía mejor es que hay muchas investigaciones científicas serias que respaldan todo lo que has oído sobre los poderes de la meditación.

Hay muchas razones para meditar, pero creo que la más convincente es que hacerlo te modifica literalmente el cerebro. Esto es, altera físicamente la forma de tu materia gris para hacerte más inteligente, feliz y tranquilo. Esto no es una exageración; ha sido demostrado científicamente.

Sara Lazar es una neurocientífica del Hospital General de Massachusetts y de la Facultad de Medicina de Harvard que realizó dos estudios independientes que demostraron —con imágenes cerebrales reales— cómo la meditación modifica el cerebro. Lazar lo resumió todo en una fascinante charla TEDx que de verdad merece la pena ver, aunque a continuación te proporciono los momentos más importantes:

Para empezar, comparó los escáneres cerebrales de personas de la zona de Boston que meditaban regularmente con los de otras personas que no lo hacían. En los meditadores habituales, encontró varias regiones del cerebro que tenían más materia gris, principalmente en la corteza frontal, que es la parte que controla la memoria y la toma de decisiones ejecutiva. Está sobradamente documentado que esta parte se va encogiendo a medida que envejecemos; ésa es la razón de que habitualmente no logremos encontrar las gafas y tardemos más en tomar decisiones. Pero —y aquí es donde la cosa se pone verdaderamente interesante— las tomografías demostraron que los meditadores de cincuenta años tenían tanta materia gris en esa región como los no meditadores de veinticinco. En otras palabras: ni encogimiento, ni falta de memoria ni lentificación de los procesos mentales.

¿Pero era eso consecuencia de que llevaran meditando tanto tiempo? Sara Lazar quiso averiguarlo, así que ella y sus colegas llevaron a cabo un segundo estudio con personas que jamás habían meditado. Tras realizarles sendas tomografías cerebrales, hicieron que un grupo siguiera un curso de MBSR de ocho semanas, en el que se les exigió que meditaran de treinta a cuarenta minutos al día (la media fue de veintisiete minutos diarios). Al cabo de las ocho semanas, cuando Lazar volvió a realizar las tomografías de sus cerebros y comparó las imágenes de los nuevos meditadores con las de los no meditadores, los resultados siguieron siendo sorprendentes. La investigadora observó unos notables cambios físicos en las regiones cerebrales que controlan el aprendizaje, la memoria, la concentración, la regulación emocional, la empatía y más cosas.

Ésta es una de las principales razones de que ame la meditación. No tienes que intentarlo. Solo tienes que sentarte y *hacerlo*, y tu cerebro se renueva.

Además están todos lo demás beneficios transformadores de la meditación. Los resultados de la meditación de cada uno son diferentes, pero todavía no conozco a nadie que no haya experimentado al menos unos cuantos de esos cambios positivos. A continuación, detallo mi lista de favoritos, con algunas de mis ideas preferidas de los expertos en meditación:

Serás más feliz

La meditación es una herramienta fundamental para sacarle la máxima alegría a la vida.

OLIVIA ROSEWOOD

Una de las cosas que más me gusta hacer es observar las caras de los alumnos cuando pasan de la tensión a la serenidad, allí mismo, durante su meditación. Entran a toda prisa en el estudio directamente desde el tráfico infernal de Los Ángeles con expresión de fastidio y preocupación y prácticamente salen flotando de la sala de meditación cuarenta y cinco minutos más tarde con aspecto de haber pasado una semana en una balneario.

Pero es lo que les sucede en el transcurso de unas pocas semanas —o en algún caso, incluso de unos pocos días— lo que realmente me conmueve. La gente es simplemente *más feliz*. Y se sienten más alegres y ligeros. Están más erguidos. Sonríen más. El aumento en la alegría se hace tangible en cómo miran, en su aspecto, en su forma de caminar y en la manera en que se relacionan con las personas que los rodean.

Este chute de felicidad es real. Y lo que es aun mejor, es duradero, porque estamos reconfigurando nuestra capacidad para sentir felicidad al reconfigurar nuestro cerebro. Los pequeños impulsores de la felicidad como las vacaciones están bien, pero no tienen capacidad de permanencia. En Holanda, un grupo de investigadores descubrió que los efectos de unas vacaciones «muy relajantes» desaparecen al cabo de solo dos semanas. La meditación es mucho más barata que ir a la playa a algún lugar, y hay muchos estudios científicos que demuestran que nos hace más felices a largo plazo. Esto es, puedes conservar la sensación todo el tiempo que quieras.

Todos tenemos lo que los psicólogos denominan nuestro «punto de ajuste de la felicidad», que no es otra cosa que nuestra capacidad individual para la alegría. La mía podría ser alta, la de otro podría ser baja. Pero la buena noticia para aquellos que no nacieron felices por naturaleza es que este punto de ajuste *no está esculpido en piedra*. Se ha demostrado que podemos desarrollar nuevas neuronas, lo que significa que podemos entrenar a nuestro cerebro para pasar de una felicidad mediana a una felicidad tremenda. O como le gusta decir a la maestra de meditación Amy Budden: «La meditación puede vencer al entorno y a los genes para ayudarte a conectar la felicidad». Así que, literalmente, ¡no hay límite para la cantidad de felicidad que puedes sentir!

He aquí unos cuantos estudios que demuestra que la meditación nos hace más felices:

• Los estudios de la neurocientífica Sara Lazar demostraron que la meditación reduce el tamaño de la amígdala, la parte del cerebro que controla la angustia y el miedo. Menos angustia y miedo se traduce en menos estrés, y menos estrés significa más alegría.
• Un estudio realizado por los investigadores de la Universidad de California en Davis demostró que la meditación puede

disminuir en el organismo la cantidad de cortisol, sustancia conocida como la hormona del estrés. A menos cortisol, menos estrés y más capacidad para la alegría. ¿Ves el patrón aquí?

- El doctor Richard Davidson y sus colegas de la Universidad de Wisconsin, junto con Jon Kabat-Zinn, hicieron seguir a un grupo de trabajadores estresados del sector biotecnológico el curso de MBSR de ocho semana del último (si se necesita un rápido recordatorio de esto, véase página 57). Descubrieron que los empleados que terminaron el curso tenían más actividad en la corteza prefrontal izquierda —la zona del cerebro donde se regulan la tranquilidad y la felicidad— que aquellos que no lo realizaron.

- Un estudio llevado a cabo por los investigadores de Yale demostró que los meditadores experimentados son capaces de disminuir sus ensoñaciones diurnas. ¿Y por qué es importante esto? Porque cuando nuestras mentes divagan, suelen deslizarse hacia las preocupaciones y las cavilaciones, así que una menor divagación mental se asocia con una mayor felicidad. Según un estudio diferente realizado en Harvard, las personas objeto del estudio declararon ser mucho menos felices cuando sus mentes divagaban que cuando estaban completamente enfrascados en lo que fuera que estuvieran haciendo. Resulta que estar presente es un billete para ser feliz.

- Un estudio llevado a cabo en la Facultad de Medicina de la Universidad Johns Hopkins y publicado en *JAMA Internal Medicine* demostró que la meditación puede proporcionar cierto nivel de alivio de los síntomas de la angustia y la depresión similar al de los fármacos antidepresivos. ¡Paz y felicidad sin necesidad de receta!

Cuando empecé a meditar, me encontraba en una situación verdaderamente difícil. Esta divorciándome, lo que me partía el corazón. Estaba tan triste y sola porque había mantenido una relación durante toda mi vida de adulta. Me empeñé en la meditación y la practiqué tres veces a la semana durante todo un mes, y empecé a notar los cambios gradualmente con cada sesión que hacía.

Lo primero que percibí fue que mi tristeza se aliviaba y que cada vez me parecía mejor estar sola. Me iba sintiendo más feliz y más aventurera y abierta a nuevas experiencias. En general, me sentía más equilibrada y tranquila; las cosas como el tráfico o las críticas no me molestaban tanto. Y ahora que he vuelto al mundo de las citas, puedo darme cuenta de cuándo una situación es buena para mí y cuándo no lo es. No me excedo analizando las cosas y ya no me las tomo tan a pecho. Me siento agradecida por todo lo que he hecho y todo lo que me rodea. Ahora estoy mucho más presente y soy más espontánea. Podría seguir sin cansarme, porque la meditación ha cambiado completamente mi vida para bien ¡en tantos aspectos! Concédete un mes y hazlo, y observa lo que pasa.

COURTNEY, 35 AÑOS, PERIODISTA DE TELEVISIÓN

Estarás más capacitado para afrontar los desafíos de la vida

La meditación alimenta la resistencia, y ésta es fundamental para tener una vida feliz, puesto que puedes recuperarte y to-

marte las cosas con calma. Esto no significa que no vayas a tener problemas; solo que tendrás las herramientas para poder trabajar con ellos, en vez de que te abrumen o te conviertan en su víctima. En consecuencia, aprendes que puedes elegir la manera de reaccionar.

Laurie Cousins

Sucede algo irritante. Reaccionas

Sucede algo decepcionante. Vuelves a reaccionar.

Se produce un tercer, un cuarto, un quinto acontecimiento. Reaccionas, reaccionas y reaccionas.

Así es cómo la mayoría pasamos nuestros días. Es completamente normal y absolutamente automático: algo se cruza en nuestro camino a lo que, por inesperado, reaccionamos instantáneamente de una manera visceral. No hay pausa entre el estímulo y la respuesta. Simplemente funciona así:

ACONTECIMIENTO —> REACCIÓN AUTOMÁTICA

El problema es que muchas veces lo que se desencadena es negativo. Nos encontramos con un problema e inmediatamente nos enfurecemos, nos angustiamos, nos decepcionamos, nos sentimos culpables, etcétera. Esta clase de reacción automática no solo nos hace sentir mal; además empaña nuestra capacidad de pensar racionalmente y con claridad y de reaccionar reflexivamente, así que nos mantiene enfangados mucho más tiempo.

La meditación nos libera de eso creando una pequeña brecha entre el acontecimiento y nuestra respuesta. Es como pulsar un botón de Pausa imaginario que detiene el tiempo y nos permite tranquilizarnos y reponernos, todo en una fracción de segundo.

Pongamos que tu ordenador se bloquea en el peor momento posible. El plazo de entrega de algo importante se cierne en el horizonte... mala cosa. Tus opciones habituales podrían ser:

a. Empezar a farfullar presa del pánico.
b. Despotricar enfurecido contra el fabricante o la tecnología en general.
c. Autoflagelarte por ignorar el aviso intermitente de «Es necesario una actualización fundamental» que no paraba de aparecer en el ordenador.

O bien podrías pulsar el botón de Pausa entre el momento en que la pantalla se descontroló y tu reacción automática. En este supuesto, el acontecimiento se produce y la reacción automática empieza a surtir efecto, salvo que —y aquí es donde se produce el gran cambio— *te das cuenta* de que la reacción empieza a actuar. Y en cuanto la adviertes, te alejas de ella. En ese insignificante intervalo que se inicia, puedes *decidir* cómo quieres reaccionar. Entonces consigues reaccionar conscientemente, en lugar de acercarte directamente a la modalidad aumentada de piloto automático. Así que en lugar de: ACONTECIMIENTO —> REACCIÓN AUTOMÁTICA, la cosa se parece más a esto:

ACONTECIMIENTO —> RESPIRAS, PAUSA,
PIENSAS —> REACCIONAS CON TRANQUILIDAD
Y CONSCIENTEMENTE

La belleza de la meditación radica en que la reconfiguración se produce por sí sola después de haberla practicado durante poco tiempo. No tienes que hacer otra cosa que practicar. Observar tus pensamientos durante la práctica de la meditación entrena a tu mente para alejarse de ellos, y la separación te devuelve la facultad de elección.

He aquí un truco fantástico que aprendí de la maestra de Unplug Natalie Bell para ayudarte a separarte de tus pensamientos y emociones. Natalie trabaja con muchos ejecutivos y empresas, entre ellas la National Football League, Chipotle, Deutsche Bank, la Wharton School of Business y otras, así que está ampliamente versada en lo valioso que es poder desengancharse de la defectuosa conexión automática y reaccionar desde una posición racional y tranquila. Cuando surgen los pensamiento o los sentimientos, los etiquetas. Por ejemplo: *Ah, me estoy enfureciendo* o *Estoy nervioso*. A pesar de parecer una simpleza, es realmente eficaz. Como explica Natalie, la ciencia nos enseña que cuando etiquetamos el pensamiento que anida en un sentimiento, la amígdala (la parte de tu cerebro que controla la reacción de lucha o huida y que provoca el estrés) empieza a tranquilizarse. De esta manera te conviertes en el observador del pensamiento, en lugar de enzarzarte con él. Si ves el pensamiento, entonces está separado de ti; tú estás aquí, el pensamiento está allí. Esto te permite que salgas de él, que lo observes y luego te desembaraces de él para que puedas volver al aquí y ahora, al centro, a la zona… llámalo equis.

El etiquetado es una herramienta muy útil, sobre todo cuando empiezas a meditar. Yo sigo utilizándola. Tan pronto noto que he empezado a divagar, etiqueto lo que está sucediendo, y eso me reconduce de nuevo a mi respiración. A veces podría ser algo como: *Vuelvo a estar haciendo mentalmente mi lista de tareas pendientes*; otras veces podría ser: *Me frustra no poder relajarme*. Entonces reconduzco la atención a mi respiración y puedo soltarme sin dificultad de esa cháchara interior. Con el tiempo, empezarás a hacer este proceso de etiquetado y liberación con naturalidad, sin tener que pasar por todo el ciclo cognitivo.

Una salvedad que hace Natalie al respecto de esta idea del «soltarse» es que no deberíamos confundir el *soltarnos* de los pensamientos y los sentimientos con el negarlos. No es lo mismo. De todas formas, negar tus pensamientos y emociones no da resultado jamás, porque unos y otras vuelven siempre. Lo que estamos haciendo en realidad es «dejarlos estar». Esto es, permitimos que los pensamientos aparezcan y tomamos conciencia de que están ahí, de manera que entonces podamos notarlos y dejarlos ir y no acabemos atrapados en nuestra manera de reaccionar a ellos. Todos y cada unos de los pensamientos que se nos ocurran deberían ser bien recibidos, porque eso significa que ya no nos están controlando en secreto.

Al final, a medida que sigues acondicionando tu cerebro, sucede algo todavía más extraordinario. Las pequeñas dificultades de la vida dejarán de parecer tan complicadas porque en realidad eres capaz de modificar lo que piensas de ellas. Empiezas a desarrollar tu resistencia y capacidad para convivir con lo que está en cada momento presente. Así las cosas, te liberas de la lucha interna que supone desear que las cosas fueran diferentes a como son exactamente, y en vez de eso eres capaz de afrontar lo que surja desde un centro de serenidad y una mirada limpia. Esto no significa que no vayas a preocuparte cuando la vida te ponga ante una situación inesperada; solo significa que permanecerás en la zona que te permita afrontarla con precisión y tranquilidad. Cuanto más veces hagas esto, más cambiará tu perspectiva general sobre la vida.

La meditación también nos ayuda a superar las cosas importantes de la vida con considerable profundidad. Puede que ni siquiera seas consciente del efecto que tu práctica está teniendo en ti hasta que te topas con un problema grave y de pronto te das cuenta de lo mucho mejor preparado que estás para afrontarlo. Olivia Rosewood pasó por la penosa experiencia de tener dos hijas que nacieron con anomalías congénitas. Para sobrevivir, las dos niñas tuvieron que soportar múltiples intervenciones quirúrgicas que las obligaron a entrar y salir del hospital durante varios años. Durante una de esas intervenciones, su hija pequeña sufrió una parada respiratoria que le provocó un daño cerebral permanente. Oyendo todo esto, podrías suponer que Olivia es una mujer que está furiosa o amargada, pero es todo lo contrario. Dice lo siguiente: «Me siento muy afortunada y agradecida por llegar a tener que cuidar de dos hijas con necesidades especiales, porque eso me ha fortalecido. Me parece que esto es la finalidad de toda mi práctica y formación meditativa. Cuando te enfrentas a grandes desafíos como las situaciones en las que está en juego la vida, tu experiencia en la meditación puede ser una cuenta de ahorro de energía de la que echar mano. Eso te permite aceptar las cosas como son, en lugar de resistirte a ellas».

¿No es una mujer maravillosa?

Ese nivel de positividad y resistencia es lo que la meditación puede hacer realmente por nosotros con que nos sentemos cada día, cerremos los ojos y respiremos con intención.

Después de pasar por un montón de importantes cambios en mi vida —matrimonio, cambio de profesión, paternidad— y todo en el plazo de dos años, empecé a tener ataques de pánico. El corazón me latía de manera descontrolada. La verdad es que acudí al hospital dos veces, pensando que estaba teniendo un infarto. El personal de urgencias ponía los ojos en blanco y me sugerían que tomara Xanax, pero a mí me pareció más lógico probar con otra cosa para tranquilizarme que no fueran medicamentos. Así que empecé a meditar, y todo cambió.

Supongo que la mejor manera de decirlo es que la meditación me permitía sentarme en el banco de un parque, por decir algo, y limitarme a observar las cosas que me pasaban por la cabeza. Esto me permitía controlar casi cualquier cosa que sintiera poniendo los pies sobre la tierra. Con independencia del lugar en el que me encontrara, cerraba los ojos y dejaba que mi respiración me afianzara, igual que aquel banco del parque. Entonces etiquetaba todas las cosas —la angustia, por ejemplo— y me permitía simplemente observarla, en lugar de experimentarla.

Para mí, la meditación es una manera de saber cómo vivir en paz en pleno estrés. Uno no puede cambiar muchas de las cosas que le rodean, así que eso hace que tenga mucho más sentido tratar de vivir con ellas en armonía. La meditación no te dice la manera de ignorar el ruido, sino cómo vivir con él. Nunca dejamos de oír ruido. Una parte del éxito en la meditación consiste en aceptar eso y no pensar en que el estrés desaparece, sino que solo se maneja mejor.

PAUL, 46 AÑOS, COMERCIANTE

Tendrás más éxito

La meditación te proporciona la claridad y la concentración para que tu rendimiento sea óptimo. A medida que entrenas al director general de tu cerebro, las decisiones se van haciendo más claras y tu trabajo se vuelve más productivo y satisfactorio.

NATALIE BELL

Pregunta a cualquiera que medite con regularidad y te dirá que lo que antecede es cierto. ¿Por qué? Porque tu concentración mejorará, tu memoria se hará más precisa y tú podrás guiarte —a voluntad— hacia la parte de tu cerebro que regula que hagas las cosas por más que te repateen. Además, como le oí decir al magnate de los medios de comunicación Russell Simmons, que es un meditador asiduo, en la Conferencia Global del Milken Institute de 2016: «La meditación te hace feliz, y la felicidad te hace ganar dinero».

La maestra Lena George se describe a sí misma como una «friki del cerebro». Hipnoterapeuta titulada y profesional cualificada del tapping/EFT (Técnica de la libertad emocional), (más al respecto en la página 165), es una fiable experta en los efectos neurológicos de la meditación. Ésta es su explicación de cómo la meditación nos hace más productivos:

La meditación nos ayuda a pensar de manera más racional. Entrenamos a nuestros cerebros para que cambien de una parte (la amígdala, que es la parte primitiva y reactiva) a otra (la corteza prefrontal, que controla el pensamiento elevado). El estrés tiene que ver en realidad con sentirse amenazado. Cuando nos sentimos amenazados, entramos en el cerebro primitivo y reaccionamos luchando o huyendo.

Cuando nos encontramos en una situación de estrés, estamos generalmente por todas partes; en otras palabras, desconcentrados e improductivos. En ese momento, estamos funcionando desde una posición reactiva, no desde una racional y dinámica. La meditación nos permite salir de ese cerebro de lucha/huida y entrar en nuestra mente más tranquila y racional, por lo demás conocida como corteza prefrontal. Ésta es la parte que controla la reflexión global y la toma de decisiones ejecutiva. Por lo tanto, podemos escapar del pensamiento limitado que nos mantiene atrapados en el pánico y entrar en la modalidad de resolución efectiva de los problemas.

¿Necesitas más pruebas de que la meditación perfeccionará tus aptitudes para lograr el éxito? Aquí las tienes:

- ¿Conoces esos estudios que demuestran que la multitarea puede disminuir nuestra eficacia hasta en un 40 por ciento? La meditación nos enseña a estar más concentrados en lo singular, lo que automáticamente nos permite volvernos más eficaces.
- En la cultura de empresa ha arraigado de manera importante. Algunas de las empresas de mayor éxito del mundo —entre ellas Apple, Google, Nike, Procter & Gamble, General Mills, Aetna y Deutsche Bank— ofrecen cursos de meditación a sus empleados. Algunas incluso han destinado salas a la meditación en sus instalaciones.
- La enseñanza de la meditación se traduce en dinero. Los estudios llevados a cabo por eMindful, un proveedor en línea de programas basados en el mindfulness para empleados, demostraron que al cabo de cinco años las empresas obtuvieron un beneficio de casi diez dólares por cada dólar invertido en el programa. Solo quiero que sepas que la meditación por sí sola no te hará más rico. Sin duda limpiará tu desorden mental y hará que seas más perspicaz, que estés más centrado y seas más creativo y productivo, ¡pero el resto es cosa tuya!
- Los estudios demuestran que la enseñanza de la meditación puede mejorar las notas de los estudiantes en los exámenes.
- Si eres del tipo creativo, la meditación es mejor que cualquier musa. Al practicarla, reconfigurarás tu cerebro para que te re-

sulte más fácil pasar de la amígdala a la corteza prefrontal, donde la inspiración se convierte en ideas brillantes y las ideas se llevan a ejecución. Tenemos tantos escritores y artistas en nuestro estudio que me dicen que mientras meditan con nosotros se les ocurren sus mejores ideas que empecé a bromear diciéndoles que ¡deberían darnos una comisión!

Por lo demás, todas estas estadísticas sobre el éxito no hacen referencia exclusivamente a las diferentes tipos de empresas. La meditación puede hacer más fructífero a *cualquiera* en lo que quiera que haga. Deportistas —incluidos, principalmente, Kobe Bryant, Derek Jeter y los Seattle Seahawks, los ganadores de la Super Bowl— la utilizan para mejorar su rendimiento y concentración. Artistas, escritores y músicos dicen que hace que su creatividad sea más fluida. Los padres atareados descubren que pueden compaginar mejor sus prioridades para pasar con sus hijos más momentos agradables. Uno de nuestros alumnos, psicoterapeuta y profesor, decía que la meditación le ha permitido ayudar a sus pacientes a un nivel más profundo. El valor de la productividad no siempre tiene que cifrarse en dólares.

Si pudiera echar marcha atrás y decirle una sola cosa a mi yo de veintisiete años sería ésta: ve y aprende a prestar atención a tu respiración y a meditar. Eso lo cambiará todo. Después de solo un año de dedicar regularmente unos pocos minutos al día a estar presente e invertir en mí mismo, he conseguido niveles mayores de calma, concentración y eficacia en todas las áreas de mi vida; momentos más vibrantes con mi familia, tranquilidad y

sentido reforzados en el trabajo y una fe en mí mismo más fuerte
y auténtica.

CLINT, 40 AÑOS, PRESIDENTE DE MADISON WELLS MEDIA

Tendrás una salud mejor

Esto es lo que sabemos:

El estrés nos hace enfermar. Se estima que más del 95 por ciento de todas las enfermedades están causadas o sufren empeoramiento a causa del estrés. ¡Ay!

Está demostrado que la meditación reduce el estrés.

Conclusión: Meditar una vez al día ¡mantiene al médico alejado!

Así es cómo y por qué estarás notablemente más sano si meditas.

Tu sistema inmunitario puede fortalecerse

¿Te acuerdas de ese estudio realizado por Richard Davidson y Jon Kabat-Zinn con trabajadores estresados del sector biotecnológico? Un grupo siguió el curso de ocho semanas de Reducción del Estrés basado en el mindfulness; el otro, no. Los investigadores suministraron a ambos grupos una vacuna antigripal al cabo de las ocho semanas y descubrieron que los meditadores habían producido muchos más anticuerpos. Más anticuerpos = menos gripe.

Envejecerás más lentamente

Esto me *encanta*. En 2009, Elizabeth Blackburn, Carol Greider y Jack Szostak ganaron el Premio Nobel por su trabajo sobre los *telómeros*, que son las estructuras de protección situadas en el extremo de nuestros cromosomas (imagina las fundas plásticas de los extremos de los cordones de los zapatos) Cuando nuestras células se dividen, esos telómeros diminuyen de tamaño y se deshilachan, lo cual no es bueno: el acortamiento de los telómeros se asocia con el envejecimiento y el cáncer. Pero en 2012, Blackburn y los científicos de la UCLA descubrieron que con solo doce minutos al día de meditación durante ocho semanas se podía incrementar la actividad de la telomerasa (la «enzima de la inmortalidad» que repara los telómeros) en un 43 por ciento. En otras palabras, la meditación puede reparar nuestro ADN y ralentizar el proceso de envejecimiento. Qué cosa más emocionante, ¿no?

Tu corazón estará protegido

Tenemos muchas personas que acuden a nosotros desde el Centro Médico de la UCLA siguiendo los consejos de sus médicos, así que para saber más sobre las razones de que la meditación sea buena para tu corazón, hablé con la doctora Tamara Beth Horwich, cardióloga y profesora asociada de Medicina de la UCLA, codirectora del Centro Cardiovascular de la Mujer y directora médica del Programa de Rehabilitación Cardíaca, ambas instituciones pertenecientes a dicha universidad. Esto es lo que tenía que decir:

> Cada vez sabemos más sobre la importancia del estrés como factor de riesgo en las patologías cardiovasculares. Hace solo unos meses, recibí a una paciente que era una modelo precio-

sa, una vegana a la que le gustaba caminar y andar en bicicleta y cuya presión arterial y el colesterol eran normales. Parecía estar en una forma fantástica. Sin embargo, la única cosa en su vida que no iba por el buen camino era su elevado estrés. Llegó con un infarto, y cuando estudiamos su perfil, lo único que pudimos detectar es que no controlaba su estrés.

Existen montones de pruebas que sugieren que la meditación puede prevenir las cardiopatías. Puede bajar la presión arterial, los niveles de azúcar en sangre y las hormonas del estrés, todos ellos factores de riesgo para las enfermedades cardiovasculares. En la UCLA tenemos un programa de rehabilitación cardíaca intensiva, una gran parte del cual lo constituye la meditación. En sí misma, la meditación ayuda a controlar el estrés, pero también ayuda a que las personas se atengan a un programa integral de vida saludable.

Tu presión arterial puede disminuir

Los investigadores del Instituto Benson-Henry para la Medicina Mente y Cuerpo del Hospital General de Massachusetts hallaron que en las dos terceras partes de los sujetos a los que se les enseñó a meditar disminuyó su presión arterial. Uno de nuestros estudiantes se quedó impresionado al descubrir que su presión arterial —que durante toda su vida de adulto había estado en niveles entre elevados y altos, entre 135 y 148 mm Hg en fase sistólica y entre 90 y 95 mm Hg en fase diástolica— había descendido espectacularmente hasta 106-76 sin ningún cambio en el estilo de vida, aparte de meditar ¡treinta minutos al día de cuatro a cinco veces a la semana!

Serás menos sensible al dolor

Cuando meditamos, liberamos hasta un 65 por ciento más de dopamina (la hormona del bienestar), además de endorfinas; juntas, ambas contribuyen a bloquear el dolor. La maestra en meditación Kristen Luman, hipnoterapeuta especializada en control del dolor, explica que en éste también interviene un aspecto mental: algo puede activarse en el cerebro que nos permite controlar el dolor en lugar de que él nos controle a nosotros.

Quiero hablarte de Alan, de treinta y ocho años, que llegó a Unplug con muletas después de que le diagnosticaran una extraña, invalidante y dolorosa enfermedad neurológica en el tobillo. Lo peor de todo es que no existe curación. Para alguien que había sido deportista y que estaba a punto de ser padre por primera vez, esta noticia fue todo lo mala que podía imaginar. Por consejo del especialista, empezó un plan de tratamiento de cuerpo y mente que incluía meditar a diario. Al cabo de unos pocos meses, había vuelto a su antigua vida. Así es cómo Alan describe su experiencia:

A lo largo de mi recuperación, me di cuenta de que la meditación me proporcionaba un descanso de mi constante dolor. Aunque interrumpiera el dolor durante diez minutos, eso era enormemente positivo, porque me permitía vislumbrar la posibilidad de volver a recuperar mi vida. Pude utilizarla como esperanza de que mejoraría. Aparte del dolor, la meditación me ayudaba a manejar el estrés de este problema y pensar en algo más que no fuera: *Dios mío, ¿qué le está pasando a mi vida?* Una cosa que me dijo mi médico fue que dramatizar mi problema me estaba provocando más estrés, el cual a su vez enviaba más señales de dolor. La meditación me ayudó a salir de ese bucle catastrofista y a ver que todo iba a salir bien.

Liberarás la tensión de tu cuerpo

¿Conoces esa increíble sensación que te invade cuando acabas de recibir un masaje o incluso después de un buen entrenamiento o de una buena sesión de yoga, una vez que toda la tensión y el estrés han sido eliminados de tus músculos? Pues puedes ahorrarte el alto precio del masaje, porque la meditación ¡tiene el mismo efecto! Hasta el momento he visto en cientos de ocasiones cómo los dolores, molestias y otros síntomas causados por el estrés prácticamente desaparecen entre los meditadores.

Dormirás mejor

Seamos realistas, cuando no duermes, te sientes y pareces una basura. Las ojeras y la confusión mental no son buenas, pero la ausencia de sueño también afecta a tus defensas (ajá, resfriados y gripe) y te pone en peligro de padecer enfermedades prolongadas que van desde la depresión a la diabetes. Varios estudios han demostrado que la meditación te ayuda de manera sustancial a dormir mejor, y de esto dan fe docenas de exinsomnes que he conocido. Una me contó que solía tardar cuatros horas en poder conciliar el sueño cada noche y que ahora se puede quedar dormida al cabo de diez minutos. Otra tiene una fe ciega en la meditación como remedio del insomnio en mitad de la noche. Sus palabras exactas fueron: «Es como una benzodiazepina natural. Cuando tienes la meditación, no necesitas esas cosas».

Una mañana me desperté con un dolor en el pecho. Por suerte, no era un infarto. Pero era una afección igual de aterradora, porque semeja un ataque cardíaco, causado por un estrés incesante y la angustia. Mi empresa de relaciones públicas estaba en auge, pero mi equilibrio personal estaba sufriendo. Aquello era una enorme llamada de atención, y de inmediato me di cuenta de que era el momento de realizar algunos cambios. La meditación fue una de las cosas más importantes que hice por mí en ese momento y sigo llevándola a cabo al día de hoy.

Gracias a la meditación, estoy más presente, tranquila y centrada. Su práctica me ayuda a no «sumirme en el abismo» de la preocupación por lo que esté a punto de suceder o de las cavilaciones sobre los problemas pretéritos. Padezco un trastorno de estrés postraumático, así que esto es una gran ayuda. También disfruto de un sueño más profundo y reparador. Nunca pensé que fuera posible sentir tanta claridad y tanta paz. Siempre he sido una persona que está muy atenta a los detalles, pero ahora me fijo de verdad en los colibríes, las mariposas y la brisa suave. Me parece que saboreo mucho más esas cosas después de haber implantado la práctica de la meditación en mi vida.

LANA, 43 AÑOS, EJECUTIVA DE RELACIONES PÚBLICAS

Cada vez necesitarás menos cosas para sentirte satisfecho

La meditación nos permite ganar intimidad con nosotros mismos y darnos cuenta —pero de verdad— de que todo lo que necesitamos está en nuestro interior.

DANIELLE BEINSTEIN

Poco después de que me trasladara a vivir a Los Ángeles, asistí a una performance de la artista Marina Abramovic en el Museo de Arte Contemporáneo. En ella, un grupo de personas ataviadas con batas de laboratorio, sujetaban una tazas blancas de café agujereadas y se mezclaban con el público sin dejar de canturrear: «Un artista quiere cada vez más de cada vez menos.»

Eso fue justo lo que necesitaba oír en ese momento. Me di cuenta de que yo misma quería cada vez más de cada vez menos cosas. Aquello supuso una gran revelación para mí. No olvides que soy una exdirectora de modas que se pasó muchos años rodeada de cosas. De muchas cosas, ¡cuantas más, mejor! Me encantaba ir de tiendas y quería verlo todo. Los zapatos, la ropa y los accesorios bonitos eran mi debilidad, pero la cosa no acababa realmente ahí. Yo era la suprema compradora compulsiva. Las descomunales tiendas al por mayor eran un campo minado de todo lo que jamás sabía que quería. Iba allí con la intención de comprar provisiones y llegaba a casa con velas, patucos con forro polar y una docena de otras cosas estúpidas que no necesitaba. Pero de pronto, cuando oí aquella frase, me di cuenta de que cuantas más cosas acumulamos, menos claridad tenemos. Había llegado el momento de limpiar la casa, por decirlo de alguna manera, a fin de alcanzar un terreno más elevado y despejado.

Vivimos en una sociedad que considera que conseguir algo o llegar a alguna parte nos hará felices. En algún plano, sabemos que los zapatos y las mansiones caras no nos harán felices; puede que resulte divertido poseerlas, pero no son lo mismo que la felicidad. Entonces, ¿qué lo es?

Lo que te hace feliz es saber qué es lo que de verdad te hace feliz y lo que no. Ése es el secreto: conocer tu mente. Cuando actúas mecánicamente y adquieres o consigues cosas, no te paras ni te preguntas qué es lo que de verdad te satisface espiritualmente. Así que no paras de perseguir más cosas, sintiendo siempre como si te faltara algo.

Durante mucho tiempo, no hice otra cosa que comprar y comprar, y el chute de felicidad se desvanecía a los pocos días o incluso horas. Ahora entiendo que el «más» no es el objetivo. ¡Lo es el menos! Es algo fantástico verse libre del deseo inagotable de adquirir. Ahora soy capaz de apreciar la belleza de todo lo que veo en las tiendas, pero *no tengo que tenerlo*. No puedo negar que me sigue gustando ir de tiendas; pero ahora me paro antes de hacer la compra, mientras que antes era mucho más impulsiva. Ahora es una compra gozosa, no compulsiva. Ya no lo necesito todo, y aprecio mucho más las pocas cosas que me decido a comprar.

¿Y qué es lo que me hace feliz? ¿Qué es lo que me importa? Cuando meditas, éstas son la clase de preguntas que te haces, y las respuestas te conducen al verdadero significado y experiencia de la felicidad.

La meditación también te ayuda a librarte de aquello que *no* quieres ni necesitas para completarte. Los malos hábitos y adicciones quedan atrás, y no por medio de la magia, sino de la conciencia. La maestra de Unplug Laurie Cousins está especializada en el tratamiento basado en el mindfulness de las adicciones, y lo explica así: «Cuando ponemos el piloto automático y hacemos las cosas por rutina, podemos llegar a lugares que no por habituales nos resultan necesariamente útiles. Todos tenemos esos patrones habituales de pensamiento, y eso es lo que nos conduce a la impulsividad. Cuando estableces una práctica, eres capaz de observarte y preguntar: *¿Es esto lo que quiero realmente para mí a la larga?*

Cuando eres consciente, te puedes detener, tranquilizar y hacerte esa pregunta antes de atiborrarte a comida, beber sin tino o comprar. Prestas atención a lo que estás haciendo, en lugar de ponerte a adquirir sin sentido, engullir o insensibilizarte con la comida, la bebida, el juego, las compras o cualquier otra cosa. Hay una buena razón para que la meditación sea el undécimo paso en los programas de rehabilitación de doce etapas.

Y a propósito del cada vez más de cada vez menos: la meditación también es fantástica para perder peso (¿a qué he captado tu atención?) ¡El mindfulness también abarca la alimentación! Un estudio llevado a cabo por los Institutos Nacionales de la Salud de Estados Unidos sobre las personas que se atiborran comiendo demostró que los que utilizaban herramientas basadas en el mindfulness pasaban de atiborrarse cuatro veces a la semana por término medio a hacerlo solo una vez. Estas personas también informaron de que sentían tener más control cuando estaban cerca de la comida. Es mucho menos probable que engullas una caja entera de rosquillas si estás completamente presente en lo que estás haciendo. Como dice el maestro de yoga Steve Ross —y es la persona más disciplinada con la comida que jamás he conocido—, cuando meditas, el impulso de comer en exceso o de hacer cosas que sean autodestructivas sencillamente desaparece. (Ya que estoy ensalzando las virtudes físicas de la meditación, solo una breve advertencia: su práctica *no* te va a proporcionar un culo más bonito, más alto ni más redondo. Sin embargo, es posible que te motive para que te pongas en acción y hagas la necesario para conseguir uno así.)

Cada vez más de cada vez menos… créeme, ¡es tan liberador!

La meditación entró en mi vida cuando estaba haciendo el duelo por la reciente muerte de mi madre y acababa de empezar mi trayectoria como mujer sobria. En mi condición de alcohólica activa durante diez años, siempre estaba tratando de calmar mi angustia, de buscar salidas y de silenciar mi mente. La meditación me ha enseñado quién soy hasta lo más profundo; me ha ayudado a superar la pérdida de mi madre, además de aprender a estar plenamente presente durante mi abstinencia. Sin meditación, mi mente puede ser una espacio aterrador. Con que me tome solo un instante en casa y me concentre en mi respiración, la cháchara se detiene. Aunque solo sea un minuto, se para. No hay nada igual. Ni las drogas ni la bebida me dieron lo que me ha dado la meditación: una tranquilidad, una paz interior y un amor propio que no había tenido nunca antes.

KATIE, 29 AÑOS, HUMORISTA

Tus relaciones serán mejores, más sólidas y más dichosas

Si examinas cada uno de los problemas del mundo, llegarás a la conclusión de que son consecuencia de una falta de regulación de las emociones. Cuando las personas no pueden resolver sus emociones, pierden su capacidad para comunicarse entre sí y trabajar juntas.

NATALIE BELL

Tus relaciones mejoran porque tú *mejoras*. Te calmas, ves las cosas con más claridad y adquieres mayor control de tus reacciones; te vuelves más paciente y tolerante con los defectos y manías del prójimo porque tu compasión aumenta. Una de las áreas del cerebro en la que la neurocientífica Sara Lazar descubrió un aumento del volumen a consecuencia de la meditación es la denominada unión temporoparietal, que según explica la investigadora está relacionada con la empatía, el punto de vista y la compasión.

Cuando todos estos cambios positivos se producen en tu interior, sucede algo asombroso: las personas que hay en tu vida te devuelven el reflejo de esos cambios.

Ésta es una noticia fabulosa para cualquiera que mantenga una relación seria, aunque los beneficios van mucho más allá de su pareja. Sus relaciones con los amigos, los colegas y también los hijos mejoran. Por lo que a mí respecta, soy sin duda una madre mejor desde que me convertí en meditadora. Mis hijos darán testimonio de que es así. Antes les contestaba bruscamente, rara vez me detenía y los olisqueaba, por decirlo de alguna manera, porque los conducía a toda prisa por la cinta transportadora de la vida cotidiana. Conseguir cada mañana que salieran por la puerta camino del autobús escolar era una pesadilla para todos. Ahora, no es que no me transforme nunca en Mamazilla, pero lo advierto mucho más deprisa, así que soy capaz de detenerme y reajustarme. Nos detengo en la puerta y nos damos un respiro de la locura materna. Entonces respiramos, y eso cambia el día para todos. Ahora me doy cuenta cuando reacciono al estrés de ellos con el mío, y entonces retrocedo y lo hago mejor. Soy más feliz, y ellos son más felices.

El único inconveniente es que mi familia se me echa encima si un día me lo salto. La verdad es que, cuando no medito, veo y siento los resultados. Pierdo la paciencia mucho más deprisa, y en honor a mis hijos tengo que decir que entonces me piden explicaciones: «Mamá, ¿has meditado hoy?» Es una lata, pero saben cuándo lo hago y cuándo no. Mentiría si dijera que medito cada día. Pero los días en que me olvido, lo lamento. Y también las personas que quiero... un motivo bastante bueno para seguir haciéndolo.

Estarás más guapo

La meditación te confiere la clase de luminosidad que hace que la gente se pare y diga: «Quiero lo que ella tiene».

LAUREN ECKSTROM

La meditación es el secreto de belleza mejor guardado que existe. Todos sabemos que una sonrisa es lo más bonito que se puede lucir. Cuando tienes la cara tensa, pareces... bueno, no pareces guapo. Pero con la práctica regular de la meditación, tu estado natural será la felicidad, y por consiguiente ¡estarás naturalmente guapo! Además, estar permanentemente preocupado provoca arrugas de preocupación. Olvídate del retinol; la única loción o poción que necesitas son unos pocos minutos al día de quietud silenciosa: ahuyentas la preocupaciones y para empezar previenes las arrugas.

La meditación también te hace más atractivo sexualmente. Sí, en serio. No me refiero a la sensualidad hortera de un anuncio de ropa interior; estoy hablando de un magnetismo electrizante. ¿Y eso cómo es posible?, preguntas. Porque descubrirás el secreto de lo que es realmente erótico y lo que no lo es.

El estrés ya no es sensual. Todos hemos oído decir a alguien: «Ay, estoy tan desquiciado», como si eso fuera algo bueno. Pero de lo que no se dan cuenta es de que eso en realidad es de un antierotismo descomunal. No poder experimentar el momento presente, porque estás permanentemente corriendo para buscar la siguiente cosa, es una energía de la que la gente no quiere estar cerca.

¿Sabes lo que sí es *erótico*? El estar presente.

Si piensas en alguien que conozcas que simplemente «lo» tenga —ya sabes, ese algo inconfundible que te atrae y que hace a esa persona irresistible— te darás cuenta de que «eso» es la capacidad para estar total y sinceramente involucrado y presente. Cuando esa persona está contigo, está *contigo*. No está mirando hacia todos los lados, no está consultando su móvil; está concentrada y dedicada a ti al cien por ciento, aunque solo sea durante ese minuto. Eso es el *carisma*, y es la salsa secreta para ser una superestrella del erotismo.

Y ya puestos, te diré que es algo demostrado. La doctora en psicología de la Universidad de Harvard y escritora Ellen Langer (apodada «la madre del mindfulness») realizó un estudio en el que dos grupos distintos de personas vendían revistas. Un grupo recitaba un guión de ventas preparado que habían memorizado, mientras que el otro se dirigía a sus potenciales clientes con amabilidad y consideración, personalizando el discurso de venta cambiando pequeños detalles cada vez. Luego, cuando los clientes los evaluaron, dijeron haber encontrado mucho más carismáticos y atractivos a los del segundo grupo. Cuando estás involucrado y presente, los demás te ven como más sincero, y por consiguiente más atractivo.

Si alguna vez tienes la oportunidad de asistir a un curso de Steve Ross o lo conoces personalmente, te darás cuenta de lo que estoy hablando. Steve es el más guay de los guay (y no solo porque tocara la guitarra para Fleetwood Mac). Todo el mundo quiere estar cerca de Steve. Es una persona afectuosa, divertida y simpática e irradia paz. Nada le pone nervioso. Pero además de eso, Ross te mira directamente al alma cuando habla contigo y hace que sientas que eres la única persona del universo. Nunca te alejas de Steve sin sentirte elevado.

Y la verdad es que eso es de lo que va todo esto: de cuál es la sensación que dejas en los demás cuando se cruzan en tu camino. Cuanta más felicidad y paz sientas, más les transmitirás eso a los demás y más te lo harán llegar a ti como reflejo.

Tomarás decisiones mejores y más rápidas

Cuando llegamos a la intuición, podemos desenterrar lo que realmente queremos. Lo que tu alma te dice durante la meditación: eso es intuición.

KRISTEN LUMAN

Cuando dije por primera vez que iba a dejar mi trabajo y abrir un estudio de meditación, hubo personas que pensaron que estaba loca. Me dijeron que nadie pagaría por hacer algo que podían hacer fácilmente en casa y gratis. Incluso algunos miembros de mi familia cuestionaron mi decisión. Pero yo sabía, intuitivamente, que funcionaría. Cuando en lo más profundo de ti sabes algo, entonces *sabes*. No tienes que dar rodeos ni flaquear. Y, de pronto, tomar decisiones es fácil.

En la vida tenemos que tomar muchas decisiones, y poder hacerlo sin el doloroso lastre de la indecisión es un gran don. Una cosa que he aprendido a lo largo de este proceso es que tengo que ser justa y sincera conmigo misma. Yo soy complaciente por naturaleza, lo que en el pasado me ha llevado a decir sí a muchas cosas que eran beneficiosas para los demás pero que no necesariamente eran tan fantásticas para mí. ¿Qué quieres que conduzca durante tres horas para hablar en una conferencia a la que asistirán una docena de personas? Por supuesto. ¿Que quieres que utilice los baños del Madison Square Garden para maquillar a los adiestradores de la Westminster Dog Show (historia real)? Faltaría más. Da igual que sea alérgica a los perros. Si en aquella época hubiera sido meditadora, ¡jamás habría dicho que sí a eso!

Los meditadores confían más en su intuición porque en realidad pueden oírla. Solemos estar tan ocupados haciendo, que no desaceleramos lo suficiente para sintonizar con la sabiduría que llevamos ahí dentro. Cuando pensamos que no sabemos la respuesta a lo que deberíamos hacer, ni a lo que queremos, en realidad sí que la sabemos; simplemente es que no podemos oírla por culpa de toda la cháchara y las interferencias.

La maestra de meditación y terapeuta Heather Hayward lo expresa de manera maravillosa:

La meditación ayuda a que todas esas voces que hay en nuestra cabeza se sienten y nos permite prestar atención a un sistema de orientación más sabio. Su práctica te conecta a esa tranquila vocecita que llevas dentro, y entonces todas las decisiones que tomas provienen de esa conexión; no de muchos otros datos e interpretación, sino de una experiencia visceral de lo que deberías estar haciendo. Si empiezas a escuchar y a sentir de verdad las señales procedentes de tu cuerpo, puedes leer: «Me parece o no correcto esto». Cuando sabes qué voces tienes que escuchar, dejas de perder tiempo y energía descendiendo por los diferentes abismos de la indecisión.

Ahora, antes de decir que sí a algo, sintonizo con mi interior para ver si parece correcto y lo es para mí. Cuando el instinto me dice que no, digo que no, ¡lo cual es liberador! Ahora sé que mi tiempo es valioso e importante, así que lo empleo con prudencia y tomo mis decisiones en función de ello. Ya no pierdo todo el día con una abrumadora lista de tareas pendientes. Este proceso me permite distinguir entre qué hago y qué no quiero hacer, en lugar de reaccionar y decir sí automáticamente a todo.

Hablando de lo que descubres cuando sintonizas y escuchas…

Antes de meditar, era bastante indecisa y carecía de una verdadera lucidez sobre la mayoría de los aspectos de mi vida, pero desde que he incorporado la meditación eso, afortunadamente, ha cambiado. Su práctica me ha permitido responder preguntas y tomar decisiones tranquilizando la mente y relajándome. Aunque mi mente esté en silencio y concentrada en la respiración, consigo una sensación de inexplicable claridad y sosiego que me ha ayudado a crear importantes cosas en la vida.

TANAZ, 31 AÑOS, PROFESORA Y TERAPEUTA

Puedes encontrar el sentido de tu vida

Cuando estás atascado en la modalidad de lucha o huida, tu cuerpo libera sustancias químicas que provocan el estrechamiento de tu visión periférica. La meditación te relaja para que puedas ampliar tu visión; eso amplía tus horizontes literalmente.

LENA GEORGE

La meditación puede proporcionarte grandes momentos de claridad, e ideas y pensamientos que ni siquiera sabías que tenías pueden brotar de repente. Se producen entonces tomas de conciencia y descubrimientos descomunales. Consigues esos «momentos de comprensión» que aparecen en las terapias después de horas y horas de hablar, salvo que aquí no tienes que decir una palabra. Generalmente no llegamos a oír esos mensajes importantes que nos dirigimos a nosotros mismos porque estamos muy ocupados haciendo y pensando, en lugar de estar presentes (la abajo firmante incluida —*no siempre* desacelero lo suficiente para escucharlos—, de ahí que llamen a esto práctica).

Cuando te quedas quieto y en silencio, puedes averiguar cuál es el sentido de tu vida. En esos momentos, ves las cosas de manera diferente, porque desconectas de tus pensamientos habituales y te conectas a tu intuición. No podría decirte cuántas personas se han acercado a mi en el estudio para decirme que han realizado grandes cambios en su vida gracias a la toma de conciencia que tuvieron mientras meditaban. Algunos han dejado su trabajo para realizar lo que realmente aman; algunos más se dieron cuenta de que era hora de poner fin a una relación difícil que les estaba haciendo infelices; otros tuvieron grandes despertares creativos. Uno publicó cinco libros con sus fotos sobre arquitectura, algo que llevaba esperando hacer desde hacía años. Otra persona escribió un episodio de un programa de televisión basándose en una idea que se le ocurrió mientras meditaba.

La meditación tiene algo que abre posibilidades y caminos que quizá no hayas imaginado previamente, aunque sean absolutamente adecuados para ti.

El maestro de meditación Johnny O'Callaghan tiene una historia increíble sobre cómo la meditación le preparó para escuchar un mensaje crucial que le estaba enviando su instinto. Johnny era un actor con una próspera carrera cuando un amigo lo invitó a hacer un viaje a África. Algo en su interior le dijo que debía ir, por más que su agente no paraba de decirle que se perdería la inminente y nutrida temporada de episodios pilotos. Johnny hizo caso a su instinto y se fue. Durante su estancia allí, conoció a un niño africano huérfano llamado Odin. Cuando Odin se sentó en su regazo, para su sorpresa Johnny escuchó inmediatamente dentro de su cabeza: «Éste es tu hijo». Es posible que no tenga que decirte que ya han pasado trece años y que Johnny ha sido un padre dichoso, profundamente entregado a Odin.

Ram Dass dijo en una ocasión: «Cuanto más silencioso estés, más puedes oír». Eso resume perfectamente lo que es esta práctica. La meditación nos permite sintonizar y escucharnos a nosotros mismos. Comprendemos lo que se supone que estamos haciendo una vez que paramos de hacer lo que quiera que tan ocupados nos tenga y nos ponemos a escuchar. No querrás despertarte dentro de treinta años dándote cuenta de que te has pasado toda la vida ¡ascendiendo por la escalera equivocada! Meditar es como despertar a tu terapeuta personal interno que te dirige a lo que verdaderamente te hará sentir feliz y realizado.

Como dijo Mark Twain: «Los dos días más importantes de la vida de una persona son el día que nace y el día que averigua por qué».

Soy una exdirectora de operaciones que actualmente ejerce de ama de casa, una elección que hice a consecuencia de la meditación. Ésta me aportó claridad sobre mi verdad y lo que no estaba funcionando ayudándome a controlar mi estrés, de manera que pudiera evaluar mi profesión, mi futuro y mis deseos de una forma atenta y no reactiva. También me proporcionó el valor para dejar mi trabajo sin meterte directamente en otro, así como la confianza para hacer sitio para el siguiente paso correcto y darme a mí misma el tiempo para concentrarme y afirmar mi maternidad. Y también convirtió el «espacio intermedio» en un lugar cómodo.

JENNIFER, **47** AÑOS

Te sentirás vivo

Así es como lo veo: Puedes seguir como hasta ahora, montando la bulla con tu lista de tareas pendientes (¡he pasado por eso!). O puedes cambiar de cadena y «salir al aire en directo». Ésta es la parte de salir en los anuncios de la televisión que siempre me gustó: Estás EN EL AIRE. Estás en el momento, y todo lo que digas es importante, porque lo escuchan millones de persona. Eso es lo que parece la meditación al margen de tus sesiones sedentes. Es como salir en la televisión en directo, salvo que estás viviendo tu vida sin guión en el momento presente y en tiempo real. Me da igual que estés haciendo punto de cruz o esquí alpino, vas a tener una experiencia mucho mejor y más plena si estás presente mientras lo haces.

Steve Ross dice que algunas personas tienen que poner en peligro sus vidas para sentirla. Pero él se limita a meditar y llega al mismo lugar. No necesita saltar de un avión para sentirse plenamente vivo. Y ahora, tú tampoco lo vas a necesitar.

Desconecta y recarga

¿**N**o te sientes ya lo bastante inspirado para meditar? Espero que sí, ¡porque te va a encantar!

En esta sección te proporcionaré todo lo que necesitas saber sobre la logística de la meditación: el cómo, el cuándo y el dónde sentarte; cómo prepararte para el éxito, qué «hacer» con los pensamientos que surgen y cómo solucionar algunas dificultades comunes. También te daré muchos consejos de expertos y meditadores para liberarse de los juicios y expectativas. Recuerda, no existe nada parecido a un «buen meditador» o ni siquiera a una mala meditación. ¡Todo es bueno!

Sentarse es posible: los fundamentos

Hasta el momento hemos visto el qué, el porqué y el quién en cuanto a la meditación, en el sentido de:

Qué es la meditación (pasar de pensar a ser)
Por qué es bueno para ti (conseguirás calma, concentración, salud, felicidad… etcétera.)
Quién puede practicarla (cualquiera, incluso tú)

Solo unas pocas cosas más —cuándo, dónde y cómo— y luego estarás en el camino de conseguir desconectar y recargarte…

Cuándo meditar

El mejor momento del día para meditar es a primera hora de la mañana. No es solo lo que yo aconsejo: en realidad hay algunos fundamentos científicos para esto. El cerebro tiene diferentes ritmos; nada más despertarnos, estamos todavía en el estado de las ondas cerebrales «theta», que es el momento en el que el cerebro resulta más fácil de reconfigurar e influir. También entramos en el estado theta poco antes de quedarnos dormidos, así que ése es otro buen momento para meditar.

Pero hay otra buena razón para meditar a primera hora de la mañana: ¡porque luego ya está HECHO! Ésa es la manera más fácil de asegurarte de que lo haces todos los días. Te levantas y meditas antes de hacer otra cosa, y pronto se convierte en un ritual. Hazlo antes de que hagas cualquier otra cosa, y entonces no habrá ninguna posibilidad de que acabe eclipsada por el caos habitual de la vida cotidiana.

Después de muchas horas de investigación y todavía más de estar sentada, he descubierto el secreto de primera mano de conseguir que medites todas las mañanas. ¿Preparado? Éste es:

1. Paso uno: Levantarte.
2. Paso dos: Hacerlo.

Esto lo abarca casi todo. Si no haces una meditación guiada y programada con un manual, si no asistes a ninguna clase y si, sobre todo, «no dispones de tiempo», ésta es una manera infalible de hacer que funcione.

Meditar por la mañana te prepara para mostrarte más tranquilo, concentrado, productivo y sencillamente más agradable contigo mismo y con los demás a lo largo del resto del día. Te darás cuenta de ello, y también todos los que te rodeen. Al empezar la mañana con unos pocos minutos de paz y silencio, te prepararás para el éxito, puesto que estableces el propósito de estar presente. Esto es, empiezas la mañana con una intención y un propósito, de manera que puedas seguir tu día de la manera que quieres que transcurra, en lugar de reaccionar a cada minucia que se cruce en tu camino.

Dicho todo esto, la verdad es que no importa cuándo lo hagas, siempre que a ti y a tu vida os dé resultado. Algunos de nuestros alumnos son amas de casa a las que les gusta meditar después del ajetreo matinal de llevar a sus hijos al colegio. Tenemos guionistas que trabajan en casa y que se toman un descanso a mediodía para meditar (muchos de ellos también hacen sesiones rápidas si se bloquean en el trabajo). Muchas personas que trabajan en oficinas me han dicho que lo hacen en cuanto llegan a casa al terminar la jornada, inmediatamente después de cambiarse y ponerse ropa cómoda para estar en casa. Otros se pasan por el estudio a la hora de comer para colarse en una clase de treinta minutos.

Viene bien que programes tu meditación, como podrías hacer con cualquier otra cosa, de manera que se convierta en una parte habitual de tu rutina. Con el tiempo, una vez que se haya vuelto un hábito más bien arraigado, podrás juguetear encajándola en tu vida de una forma más variada, pero si estás empezando, escoge tu hora habitual y comprométete a cumplirla. Pon todo tu empeño. No te lo saltes ni decidas si ese día te apetece o no. Habrá días al principio en que lo último que te apetezca hacer sea sentarte allí sin más. Pero recuerda, no lo estás haciendo por lo que suceda cuando estés sentado; lo estás haciendo por los resultados que produce en tu vida cuando no lo estás. Así que hazlo. Como dice la maestra de meditación Heather Hayward: «No hagas una votación para decidir si quieres hacerlo o no. Ve y siéntate. Es un compromiso, no una votación. Es el voto lo que nos vuelve locos».

Las primeras semanas pueden antojarse un poco pesadas. Podría resultarte un poco incómodo, o frustrante, o sencillamente aburrido, sobre todo si tienes la sensación de que «no está funcionando». Aún así, no te des por vencido (y acude a la página 107 para consultar los consejos sobre cómo resolver problemas en relación a la manera de enfrentarte a esos desafíos). Porque cuando decidas intentarlo con todo, verás realmente los cambios, y entonces, de repente, empezarás a echarlo de menos a todas horas. Sacar tiempo para meditar dejará de ser un problema, porque *desearás* hacerlo. Y entonces la meditación acaba tan incorporada a tu rutina básica de los cuidados personales como el lavarte los dientes.

Recuerda: no tienes por qué sentarte durante largos períodos de tiempo para obtener los beneficios. Solo decide el tiempo máximo al que sabes que te ceñirás y no tengas miedo ni desistas, aunque solo sean cinco minutos al principio. La maestra de Unplug Camilla Sacre-Dallerup dice (con su adorable acento británico): «La meditación debería ser un regalo que te haces a ti mismo, no algo que te impones». Mi consejo es que empieces con entre cinco y diez minutos al día y luego vayas subiendo diariamente unos cuantos minutos hasta llegar a los quince. (Éstos han resultado ser mi cifra mágica cuando medito sola, o los cuarenta y cinco cuando lo hago en grupo. La tuya puede ser ligeramente menor o mayor. Vete tanteando y lo sabrás.) Poner un temporizador es verdaderamente útil, aunque seas una de esas personas que tienen un reloj interno extremadamente preciso; de esa manera puedes despreocuparte mentalmente de todo y dejar el cronometraje a un dispositivo electrónico.

Lo he dicho antes, pero volveré a decirlo porque es importante: en tu ajetreada vida no encontrarás el tiempo para meditar. Tienes que *fabricar* el tiempo para meditar; ésa es la única manera. Cualquiera puede extraer quince minutos para hacer algo si le resulta importante, incluso tú. Quince minutos: eso es la mitad del episodio de una absurda comedia de situación, un garbeo por tu oficina para cotillear, un recorrido por Facebook, Instagram, eBay o por cualquier página web de confianza. Ninguna de estas cosas supondrá algún cambio en tu vida, pero quince minutos diarios sentado en un cojín puede cambiarla radicalmente.

Dónde meditar

Donde sea

No creo que haya un lugar perfecto para meditar. Siempre que te sumas en tu interior, vas a meditar. Algunas personas tienen un lugar especial para hacerlo, y estoy segura de que ése será un escenario ideal, pero sinceramente, yo he tenido algunas de mis mejores meditaciones metida en el coche en el aparcamiento de un supermercado de agricultores de Bristol. Los sitios bonitos y apacibles pueden ser idílicos, pero la verdad es que da igual dónde te encuentres en cuanto cierres los ojos.

Prácticamente, como todo lo demás relacionado con la meditación, tienes que encontrar los lugares que mejor resultado te den. Tus únicas exigencias básicas son que sea en algún lugar relativamente tranquilo y donde nadie te perturbe. Es mejor que escojas un lugar que no asocies con mucha tensión. La oficina no suele ser la mejor elección; aunque puedas cerrar la puerta con llave y desconectar el teléfono, es bastante difícil desactivar todo cuando estás en el epicentro de tu actividad.

También deseas estar en algún lugar que sea seguro. A algunas personas les encanta meditar en la naturaleza, como es el caso de uno de nuestros alumnos, al que le gusta hacerlo en la playa al amanecer. Pero aunque me encanta la playa, no me siento muy tranquila estando con los ojos cerrados y con el bolso al alcance de la mano de cualquiera (recuerda, soy una neoyorquina). Lo último que uno quiere es tener que preocuparse de que durante la meditación le vayan a asaltar. Así que si lo vas a hacer en un lugar público, simplemente asegúrate de que sea un sitio seguro.

La mayor sorpresa sobre la práctica de la meditación es la posibili-
dad de hacerlo donde sea y cuando sea. Cerrar sin más los ojos, as-
pirar y conectar es ¡MARAVILLOSO!

LAUREN, 50 AÑOS, ABOGADA

Cómo sentarse

Circulan más consejos sobre la técnica para sentarse durante la meditación de los que puedas imaginar. Que si debes sentarte con las piernas cruzadas en la posición del loto para mantener la estabilidad... que si colocas las manos en el regazo en posición simbólica para concentrar la mente... que si te sientas con la columna vertebral recta para que la energía de tu cuerpo fluya con más libertad. Aprender todo esto es fascinante, pero sentarse no necesita ser tan complicado ¡para que sea efectivo! Y sin duda no necesitas ceñirte a unas directrices tan estrictas. Tenemos que superar la idea de que hemos de sentarnos de una manera prefijada y rígida, porque eso no le da el mismo resultado a todas las personas.

A continuación resumo los aspectos esenciales de la manera de sentarse durante la meditación, a fin de ayudarte a que encuentres la postura que mejor te funcione:

• **Siéntate sobre algo cómodo.** ¡Póntelo fácil! Puedes utilizar un montaje tradicional de cojines, consistente en una colchoneta cuadrada y plana llamada «zabuton» con una almohada redonda denominada «zafu» puesta encima. Esta combinación es fantástica para conseguir el alineamiento de la columna vertebral. También puedes utilizar un sillón, una silla, una silla de suelo (de las denominadas *bacjack*) o una manta plegada. A algunas personas les gusta utilizar los bancos de meditación, pero yo los encuentro menos cómodos.

- **Cruza las piernas... o no.** Hay personas a las que les gusta sentarse en un cojín con las piernas cruzadas; otras prefieren sentarse en la cama con las piernas estiradas por delante de ellos; las hay que se sientan en una silla con la espalda recta y los pies apoyados en el suelo. Escoge la forma que te resulte más natural. Lo único que quieres es asegurarte de que tus piernas estén a la misma altura o por debajo de tus caderas (esto contribuye a evitar que se duerman).

- **Apoya las manos en las piernas... o no.** A algunas personas les gusta sentarse con las palmas boca arriba en el regazo, porque les parece una postura más abierta y receptiva; a otras les gusta poner las palmas hacia abajo para tener una experiencia más interior. Hay quien dice que deberías mantener el pulgar y el índice en una clásica posición mudra (como la de hacer sendos círculos con los pulgares y los índices y apoyar las manos en los muslos con las palmas mirando hacia arriba), lo cual puede arraigar tu conciencia a través del tacto. Creo que todo eso es cierto. Sin embargo, yo pongo las manos dondequiera que se me antoje, lo cual suele ser cruzadas en el regazo. Puede que esto no sea técnicamente correcto, pero no siento ningún impacto negativo por ello en absoluto. Así que te sugiero que pruebes alguna o todas estas técnicas o que hagas lo que te dé la gana con tus manos siempre que estén en reposo.

- **Olvídate por completo de sentarte y túmbate.** Sentarse con la espalda recta está muy bien porque estás alineado, pero a veces también me gusta tumbarme para meditar. Quiero estar cómoda cuando medito, sin preocuparme de si mi zona lumbar me está molestando o de si se me están quedando los pies dormidos. El único problema con lo de tumbarse, obviamente, es que podrías quedarte dormido. Aunque sea magnífico estar relajado, queremos ser conscientes y estar presentes, no quedarnos dormidos. Si estás durmiendo, no estás meditando. Así que si tiendes a dormirte, sigue sentándote erguido. Incluso sentado podrías cabecear, pero entonces el cuello se te caerá hacia delante o hacia atrás, lo cual te despertará. ¡A mí me sigue pasando a todas horas!

Escojas la postura que escojas, ponte cómodo y arréglatelas para poder sentarte razonablemente quieto. En una ocasión, Davidji me contó una historia sobre la época que pasó en un monasterio zen, donde si te movías lo más mínimo, tenías que levantar la mano, y el monje se acercaba y te atizaba en ella con un vara. Decidió dejar el zen cuando se sorprendió mintiendo a su maestro para evitar ser golpeado. ¡Ten por cierto que en Unplug no hacemos eso! No pasa absolutamente nada si te mueves o modificas la postura si necesitas hacerlo. Lo único que tienes que saber es que cuando menos te muevas una vez cierres los ojos, menos te distraerás a ti mismo.

En ese sentido, es útil que dediques un minuto a realizar un rápido examen desde los pies a la cabeza antes de que empieces, para asegurarte de que no hay nada que vaya a distraerte. ¿Que sientes demasiada presión en los tobillos en la posición en la que están? Arréglalo ahora. ¿Que te pica la nariz? Ráscatela. ¿Qué te aprietan los pantalones? Desabróchatelos. No está mirando nadie.

Por último, quiero compartir contigo una explicación maravillosa de la maestra Megan Monahan sobre el asunto de «sentarse quieto», por si acaso te preocupa tener problemas al respecto:

En realidad, no tiene tanto que ver con el hecho de ser capaz de estar físicamente sentado y quieto. Aunque hay algunas personas con muchísima energía, a menudo esto proviene del hecho de que tienen muchos pensamientos agitados, de manera que sentarse físicamente sin moverse no les resulta mentalmente cómodo. Pero a medida que se sigue meditando, se va creando más espacio entre los pensamientos, y esa agitación empieza a calmarse. Gran parte de la agitación es el estrés acumulado liberado que ha estado viviendo en tu cuerpo físico o en tu mente. Si al principio estás realmente inquieto, eso puede deberse a que tu cuerpo o tu mente está liberando la toxicidad emocional o la tensión acumulada. Esto puede resultar incómodo al inicio, ¡pero no siempre va a ser así! Comprométete a ser constante con la meditación y se irá haciendo cada vez más fácil.

Lo anterior abarca los conceptos básicos. Lo que viene a continuación son consejos comprobados para que te prepares para una buena sesión, tras los cuales estarás listo para iniciar tu trayecto de meditación.

Hazlo fácil

La meditación es fácil, ¡y queremos que siga siendo así! Éstos son algunos consejos para que los adaptes a tu práctica y la hagas sin tensión.

- **Prográmala bien.** Escoge un momento en el que no haya muchas probabilidades de que te interrumpan. Cuando el pedido del restaurante chino está a punto de llegar, quizá no sea el momento ideal. Asegúrate de que no haya nada urgente de lo que te tengas que ocupar antes de sentarte (una visita al baño, controlar a tus hijos, llegar a la oficina de correos antes de que cierre para enviar tus impuestos trimestrales, etcétera).
- **Silencia tu teléfono.** Las únicas vibraciones que quieres sentir en tu meditación son las buenas, ¡así que apaga ese timbre! Como dijo uno de nuestros alumnos después de terminar de meditar y consultar su teléfono: «Me di cuenta de que nadie murió ni de que el mundo llegó a su fin mientras estaba desconectado.» Te prometo que todos los mensajes de texto, correos electrónicos u otros mensajes seguirán esperándote allí cuando hayas terminado.
- **Crea un ritual.** Hacer lo mismo cada vez antes de empezar tu sesión le indica a tu cerebro: *Es hora de meditar.* Esto no

es un consejo sin fundamento; es ciencia. Un ritual podría consistir en sentarse en una silla o lugar concreto de tu casa, en envolverte en tu bufanda o manta favorita o en encender una vela. El mío consiste en derramar aceite de naranja en la palma de una de las manos, extenderlo frotándome ambas palmas y después olerlo. ¡Un cambio instantáneo y estoy lista para empezar! Steve Ross despertó mi interés por el siguiente ritual de concentración, y a veces también me gusta utilizarlo: Coloca el pulgar entre tus cejas, justo encima del puente de la nariz. Cierre los ojos y centra tu atención en ese lugar. Esto siempre consigue apagar el ruido de mi cerebro e introducirme en el momento presente. Simplemente, me funciona.

- **Efectúa un drenaje cerebral antes de empezar.** Este truco lo aprendí en el libro de Julia Cameron *The Artists's Way.* Coge una hoja de papel y escribe todas las cosas que tengas que hacer y todas las que tengas en la cabeza. Luego, guarda el papel y siéntate a meditar; de esta manera no te preocupará que te vayas a olvidar de algo. Además, cuando termines de meditar, estarás mucho mejor preparado para enfrentarte a lo que quiera que esté en esa lista.

- **Ponle el candado.** Parecido al drenaje cerebral es nuestra propia «visualización de la taquilla» de Camilla Sacre-Dallerup. Antes de que se convirtiera en maestra de meditación, Camilla era una bailarina de salón profesional de toda la vida que competía por todo el mundo y que protagonizó la versión británica de ¡*Mira quién baila*! durante seis años. Preparada por algunos de los principales entrenadores deportivos del mundo, Camilla aprendió esta técnica para que pudiera olvidarse de todo y estar plenamente concentrada y en el momento mientras actuaba. Esto es lo que haces: cierras los ojos y te imaginas entrando en un vestuario. Escoges una taquilla y arrojas dentro todo lo que esté en tu lista de tareas pendientes y todas tus preocupaciones, todo. Tómate el tiempo que quieras. Cuando hayas terminado, imagina que cierras y le pones el candado a la puerta y que a continuación sales del vestuario para ir a un lugar seguro y vacío. Todo ha quedado allí metido a buen recaudo, para que lo recojas en cualquier momento después de haber meditado.

- **Busca un colega de meditación.** Tener a alguien a quien rendir cuentas es un secreto para el éxito contrastado. Yo lo hice con una buena amiga que sabía mucho de meditación por mí, pero que en realidad *no la estaba practicando*. (Davidji dice en broma que cuanto más inteligente es alguien, más convencido está de que consigue los beneficios de la meditación solo por comprender como funciona.) Todos los días nos enviábamos mensaje de texto con un rápido: «Meditación hecha», y puede que compartiéramos una o dos cosas que hubiéramos experimentado en nuestra sesión. Esto nos mantenía en el buen camino, sobre todo desde que pactamos bajo juramento ¡no mentir!

¿Y si...?

Como todo lo que merece la pena, es posible que la meditación plantee algunas dificultades. Éstos son algunos de los problemas más habituales que acompañan a la práctica de la meditación y qué es lo que se puede hacer al respecto. ¿Y si...

... tu cerebro no se calma?

Véase «Qué "hacer" con los pensamientos» (página 121).

... se te duermen las piernas?

Tienes dos alternativas al respecto. Puedes mover las piernas para que el hormigueo no te distraiga o ignorarlas. Lo que no quieres hacer es crear todo un drama si las piernas se te han dormido. No es un problema tan grande, ¡y no es ninguna señal de que no estás hecho para la meditación! Si sigue ocurriéndote y te resulta fastidioso, puedes probar a modificar tu forma de sentarte de las maneras que se indica, que suelen dar resultado:

1. Siéntate con las piernas cruzadas sobre un cojín rulo, de manera que tengas las caderas ligeramente más altas que las piernas.
2. En vez de eso, siéntate en una silla con las piernas dobladas naturalmente y los pies apoyados en el suelo.
3. O túmbate sin más y olvídate por completo de sentarte. Sé que no paro de decirlo, pero es la pura verdad: lo que importa es aquello que *te* dé resultado.

... te distraen los ruidos de tu alrededor?

Nuestro estudio está en una planta baja de Wilshire Boulevard, una concurrida e importante avenida de Los Ángeles, y resultó ser la metáfora ideal de todo lo que sucede en la meditación. Al principio, me preocupaba mucho de lo que estaba pasando dentro y alrededor de la habitación. Quería crear una experiencia meditativa perfecta para los alumnos (y para mí) que fuera tranquila, silenciosa y serena. No es de extrañar que no sucediera tal cosa. Alguien siempre hacía sonar su bocina fuera, con mi subsiguiente enfado. En clase, las pulseras que chocaban contra el suelo, la tos, los movimientos o los ronquidos de alguien me acababan distrayendo.

Cuando empecé a cultivar la meditación, dejé de preocuparme tanto. No en cuanto a la calidad de la experiencia de los alumnos, sino de protegerlos de cada pequeña distracción. ¿Que alguien ha tocado el claxon? Mmm. De acuerdo. Vuelve a la respiración. ¿Que alguien ha tosido? Bueno. Reparaba en el pensamiento —*pobre, espero que no esté enferma*— y luego volvía a la respiración. Resultó que las distracciones no estaban estropeando la práctica; ¡formaban parte de ella! El caso es que quieres dejar que entren los sonidos, porque eso es la práctica: no esconderse de las distracciones, los pensamientos o los sentimientos, sino dejar que entren todos y luego dejar que pasen de largo.

No existe la experiencia perfecta de meditación, ya sea externa o interna. La «experiencia perfecta» es aquella en la que aceptas plenamente las cosas, exactamente como son. No se pueden controlar los sonidos que nos rodean más de lo que podemos impedir los pensamientos. Uno solo puede controlar la propia conexión con su respiración o mantra y su reacción a esos sonidos. En cuanto te das cuenta de cómo funciona tu cerebro, ver que la experiencia exterior con el mundo es nada y que la interior lo es todo se convierte en una aventura.

Al principio, puede que tengas que esperar un poco hasta que los ruidos u otras distracciones que te rodeen dejen de volverte loco. Enseguida podrás darte cuenta de que un sonido te está enervando, volver a la respiración y olvidarlo. Tienes que aprovechar las ocasiones de olvidarte de las distracciones externas, de la misma manera que te olvidas de la cháchara y las distracciones internas. Por lo general, empezamos combatiendo las distracciones externas (ruidos, etcétera) y de ahí pasamos a las internas (pensamientos o sensaciones corporales). El viaje empieza cuando te sientes bien dejándolas estar a unas y a otras. Cuanto más lo haces, más profunda se vuelve tu experiencia.

...te quedas dormido?

Esto es algo que sucede todo el tiempo. En realidad, no se puede hacer nada al respecto, aparte de agradecer que tuvieras una buena siesta y de que lo vuelvas a intentar. Si estabas tumbado, te recomendaría que la próxima vez te incorpores, porque si te quedas dormido en esa posición, la cabeza se te caerá hacia delante o hacia atrás y te despertará.

...lo estás pasando realmente mal?

Y con esto me refiero a que hayas aplicado todos los consejos y trucos que te he dado y la meditación te siga pareciendo una agonía. En primer lugar, recurre a una de las actitudes fundamentales del mindfulness: ¡la paciencia! Para unos consejos más específicos sobre cómo tener paciencia con el proceso y contigo mismo, véase página 127.

También puede suceder que el estilo de meditación que hayas probado tal vez no sea el adecuado para ti (no, no digo que la meditación no sea adecuada para ti... Digo que el estilo que probaste tal vez no fuera el idóneo para ti. Recuerda que hay tantas maneras de meditar como ¡de cocinar un huevo!) La maestra de meditación Lena George aconseja con prudencia lo siguiente: «Si la forma en que estás meditando te parece una tortura, ¡prueba otra! De lo contrario, resulta contraproducente y estás generando más estrés».

Si solo estás utilizando la respiración, prueba a utilizar un mantra; si estás utilizando un mantra, prueba a utilizar un objeto, como sujetar una piedra, mirar fijamente la llama de una vela o mirar una flor. O puedes intentar practicar la meditación guiada. Ve «Otras formas de meditación» (página 155) para informarte de cómo hacer todos estos estilos. Hay un camino de meditación adecuado para cada persona; es posible que solo tengas que experimentar un poco antes de encontrar el tuyo.

La Sencilla Fórmula de la Meditación Directa

De acuerdo, estás sentado y cómodo.
¿Y ahora qué?
El acto de meditar se reduce a estos seis pasos:

1. Concéntrate en un único punto (tu respiración, un mantra, un sonido o un objeto).
2. Abandona el objeto de tu atención (esto sucede consciente o inconscientemente).
3. Déjate llevar al espacio de paz y vacío que surge (aunque dure un milésima de segundo).
4. Repara en que tus pensamientos se han vuelto a colar a hurtadillas.
5. Lleva tu atención de nuevo al único punto de atención.
6. Repite.

Literalmente, esto es todo lo que hay que hacer. Ésta es la sencilla fórmula que puede cambiar tu vida mejorando mil aspectos. Puedes asistir a cientos de clases de todas las diferentes disciplinas, pero también llegarás a darte cuenta de que la fórmula citada es todo lo que hay.

Analizaré cada uno de los seis pasos para que puedas verlos en acción.

Paso uno: Concéntrate en un único punto

Si utilizas la respiración —que es el método más fácil porque no necesitas nada que no sea algo que haces a cada momento del día—, limítate a observar cómo el aire entra y sale por tu nariz. No cuentes ni intentes controlar la respiración, solo percibe cada inhalación y exhalación.

Si prefieres utilizar un mantra, repítetelo para tus adentros al ritmo de tu respiración. Los que tengan uno especial, pueden utilizar el propio o pueden echar mano de uno de los clásicos que se indican a continuación:

Ah hum (*ah* en la inhalación, *hummmm* en la exhalación)
So ham (*so* en la inhalación, hammm en la exhalación)
Yo soy (*Yo* en la inhalación, *soy* en la exhalación)
Om (oooo... mmmm)
Ram (raaa... mmmm)

La mayoría de los mantas son palabras sin sentido, pero los sonidos no son arbitrarios. La ensayista, veterana meditadora y maestra Millika Chopra, lleva practicando los sonidos primordiales desde hace más de veinte años (y fue introducida inicialmente en la meditación a los nueve años por su padre, Deepak Chopra). Millika explica que estos sonidos vibratorios tienen propiedades curativas, razón por la cual dichos mantras son utilizados por tantísimas culturas.

También puedes hacer lo que la maestra de meditación Laura Conley llama ATPM [BYOM en su acrónimo en inglés]: aporta tu propio mantra. A mí me encanta crear y recopilar mantras personales, porque te permiten que programes lo que quieres poner en tu cerebro. ¡En la actualidad tengo más mantras que zapatos! Para crear el tuyo propio, empieza haciéndote la pregunta: *¿Qué es lo que quiero sentir ahora mismo?* Sea cual sea la respuesta que se te ocurra, ésa es tu palabra o frase. Por ejemplo, podría ser *sosiego*. Entonces cierra los ojos y haz tres lentas y prolongadas inspiraciones. En la siguiente inspiración di: «Yo soy», y al exhalar, di tu palabra. De esta manera, tu mantra acabaría siendo:

Inspiración: *Yo soy*
Expiración: *sosiego*

Eso es todo. Repite este mantra hasta que observes que empiezas a desconectar, tras lo cual regresa al mantra y empieza de nuevo. Ésta es la misma Sencilla Fórmula de la Meditación Directa que aprendiste antes, solo que utilizando el mantra escogido por ti.

Hay otros focos de atención singulares que puedes utilizar, como los objetos, los sonidos o incluso los sabores. La utilización de los objetos en la meditación tiene que ver con que dirijas la atención por medio de los sentidos. Lo que quieres es concentrarte en ese objeto y estar totalmente presente con él. Pongamos por caso que observas una flor. *Mira* realmente esa flor. Intenta reparar en todos los detalles. O digamos que sostienes alguna piedra. *Pálpala* de verdad y analiza el peso y la textura de la piedra que tienes en la mano. Otro tanto cabe decir del olor, el sonido o incluso el sabor. Te sugiero que empieces con algo que estés mirando o sosteniendo y que más adelante pases al olor y al gusto. A medida que te hagas más consciente de todo gracias a la práctica, ¡te parecerá increíble el sabor de una humilde uva pasa! Te contaré más cosas sobre las meditaciones del gusto, el olor y el sonido en las página 132, 157 y 161.

Paso dos: Abandona el objeto de tu atención

Esto no es tanto algo que *hagas* tú como algo que sucede sin más. Aunque intentaras mantener la concentración únicamente en tu respiración, mantra u objeto con la intensidad láser de mil soles, tu cerebro no te lo permitiría. Al final, tu atención deambulará, y tus pensamientos empezarán a volver con cuentagotas.

Pero... y ahora viene el instante más importante de toda tu práctica...

Paso tres: Déjate llevar al vacío que surge

A medida que continúes con la práctica, empezarás a advertir que entre el momento en que pierdes la concentración y la reaparición de los pensamientos se abre un diminuto vacío. Aunque solo sea durante una milésima de segundo, consigues dejarte llevar al interior de esa brecha de gozosa nada. Bueno, es algo que podría parecerse a la nada, pero en realidad no es más que una conciencia absoluta del momento presente tal como es éste. Eso, amigo mío, es la pura experiencia de estar plenamente en el momento presente. Eso es lo que llamamos el estado «sin mente» o «el punto dulce».

Permaneces en ese vacío durante todo el tiempo que te sea dado, hasta...

Paso cuatro: Repara en que los pensamientos han vuelto a meterse a hurtadillas

En cuanto te des cuentas de que vuelves a estar perdido en la tierra de los pensamientos, es que te has despertado. ¡Bienvenido a casa!

Sí, tal vez te hayas quedado dormido, pero de pronto eres *consciente* de que te has quedado dormido, y ésa es la clave. Eckhart Tolle dice: «En el momento en que te das cuenta de que no estás presente, estás presente». Reparar en nuestros pensamientos nos permite retroceder y convertirnos en el observador una vez más, en lugar de ser arrastrados por la interminable corriente de la cháchara interior.

Aparte de reparar en ellos, reconocerlos y olvidarte de ellos, no tienes nada que hacer con los pensamientos. Tu intención no es apartarlos; solo considerarlos por lo que son. Esto es tan valioso porque te permite ver lo que hace tu mente de manera natural, hacia dónde divaga automáticamente y cómo procede. En realidad, es estupendo empezar a ver cómo funciona tu cerebro. A este respecto, la magia consiste en que ahora eres *consciente* de los pensamientos, y por consiguiente no acabas enredándote en tu reacción a ellos.

Luego, para olvidarte de los pensamientos y regresar al centro, sencillamente...

Paso cinco: Te vuelves a concentrar

Vuelve a tu respiración, mantra u objeto, tal como hiciste en el Paso uno. Eso es todo. Solo vuelve a centrar tu atención en la respiración, el sonido o la sensación.

Pero —y éste es un gran pero— hazlo con amabilidad. En otras palabras: ¡No juzgues! Renunciar al juicio y a las expectativas puede ser la parte más difícil de la meditación. No te reprendas por divagar, no te sientas derrotado por que lo hicieras mal o por que no «puedas meditar». Si respiras, te concentras, reparas en tus pensamientos y te vuelves a concentrar, estás meditando.

Y ahora, con tu atención centrada de nuevo en tu punto singular...

Paso seis: Repite

Vuelve a hacerlo todo otra vez.

Concéntrate, olvida, divaga, repara, vuelve a concentrarte, repite. Eso es todo lo que haces una y otra vez. En esto consiste el sencillo acto de meditar. Sé que probablemente desearías que fuera más elaborado o emocionante, pero esto es todo lo que hay.

Así es como Davidji se enfrenta a la sencillez del proceso:

> Con independencia de lo que esté pasando, no paras de volver al objeto de tu atención una y otra vez. Puede parecer monótono o aburrido; no está pensado para resultar entretenido, sino para que se arraigue. La meditación es un amable dejarte llevar. Mientras tengas algo a lo que regresar, da igual lo lejos que te dejes llevar, porque terminarás regresando. Con el tiempo, empiezas a estar cada vez más cómodo con el hecho de que ESO ES TODO. Ésta es tu práctica: dejarte llevar, regresar. Dejarte llevar, regresar.

En serio. Eso es todo. ¿Verdad que puedes hacer todo eso?

Sigue leyendo para informarte de los consejos sobre lo que hacer si tu mente no se calla y cómo tener un poco de paciencia con el proceso, de manera que puedas seguir meditando en paz y feliz. Como dice Mallika Chopra: «¡Lo último que queremos es estresarnos por nuestra práctica de meditación!»

Qué «hacer» con los pensamientos

Recuerda: el objetivo no consiste en detener tus pensamientos. Tu único objetivo consiste en dejar que lleguen, reparar en ellos cuando lo hagan y dejar que se desvanezcan para que puedas volver a tu meditación. Es algo así como si estuvieras haciendo una limpieza. No te peleas con los pensamientos: lo que haces es dejar que lleguen y que se vayan. En lugar de eliminarlos, avanzas entre ellos a fin de alcanzar ese estado mental de vacío.

La dificultad estriba en la parte de «dejarlos» marcharse, lo sé. Así que éstas son algunas de las mejores técnicas que he descubierto para ayudarte a conseguirlo.

Redirige, redirige, redirige

Ése es todo el secreto de la meditación.

Me encanta la forma que tiene Davidji de explicarlo: «Cuando entras en una habituación a oscuras, no haces nada con la oscuridad; sencillamente enciendes la luz. En la meditación, no haces nada con los pensamientos; solo diriges tu atención a otra cosa».

Lena George hace otra analogía que siempre me hace reír como madre de tres hijos. Dice lo siguiente: «Para mí, la mente y la atención es como un niño pequeño. Si le dices que deje de hacer algo, no servirá de mucho. Así que tienes que retirar aquello que lo estimula y redirigirle hacia otra cosa. Aquí estás redirigiendo al bebé que está en tu cerebro, al que le das un pequeño juguete para atraerle en la dirección correcta».

En ambos casos, la «otra cosa» a la que te rediriges es el objeto de tu atención, tu respiración, el mantra o el objeto. Ésas son fuerzas de arraigo que te hacen volver como un rayo al aquí y ahora. El pensamiento aparece, reparas en él y lo reconoces, y entonces cambias tu atención. ¡Sencillo pero muy efectivo!

Así que no te preocupas sobre qué «hacer» con los pensamientos. Lo que importa no son necesariamente los pensamientos, sino si te estás dejando atrapar en tu reacción a ellos. Cada vez que surgen, redirige sin más la atención a tu respiración, mantra u objeto, una y otra vez, una y otra vez...

Imagínate una pulverización

Cuando te das cuenta de que los pensamientos han aparecido, es útil imaginar que los expulsas de su alegre camino. ¿Cómo? Visualizando. Son muchos los maestros que tienen diferentes analogías de visualización que les gusta utilizar para tal fin, pero entre mis favoritas se cuenta la de considerar que los pensamientos son como hojas arrastradas por la corriente de un arroyo, nubes que pasan, un barco que navega hacia el horizonte o una voluta de humo que se aleja por el aire.

También te ayuda a visualizar tu respiración como una fuerza estabilizadora. Por ejemplo, tus pensamientos son las olas, pero tu respiración es el ancla que te sujeta. Éste es otro ejemplo de Heather Hayward que me gusta mucho:

Tus pensamientos no son más que los pasajeros de un tren, pero el tren en sí es tu respiración. No pasa nada por que los pasajeros monten una fiesta. Aunque tengas a un tipo borracho al micrófono gritando o cantando, viaja en el tren. Al final, los pasajeros se apean del tren de uno en uno. A lo que está entre mis oídos lo llamo «estación Grand Central», y en la meditación ésta se transforma en la «estación de la Serenidad». Sigue habiendo movimiento y quietud al mismo tiempo, y eso no tiene nada de malo.

Es realmente importante recordar que «olvidarse» no es lo mismo que apartar los pensamientos. Darse cuenta de lo que está surgiendo es tan importante como dejarlo pasar. Ésas son oportunidades de oro para llegar a ser consciente del funcionamiento de tu cerebro y de cómo tus pensamientos podrían estar saboteándote. No juzgues esos pensamiento; limítate a verlos y luego suéltalos. Ésta es la parte del «dejarlo ser» de todo esto que está entrelazada con el «dejarlo pasar».

Por consiguiente, y solo para recapitular:

1. Repara en el pensamiento.
2. Déjalo estar.
3. Visualiza que lo olvidas (y/o volviendo a tu fuerza estabilizadora).
4. Redirígete de nuevo a tu respiración, mantra u objeto.
5. Repítelo las veces que sean necesarias.

Mueve tu máquina de etiquetar

¿Recuerdas el consejo de Natalie Bell sobre la conveniencia de etiquetar un pensamiento o un sentimiento cuando reparas en él? Ésa es una manera instantánea de separar*te* de *tus pensamientos* y de llevarte de nuevo a ser el observador de tus pensamientos. Es pura ciencia: Cuando etiquetamos un pensamiento o emoción, la amígdala (el centro de la angustia/preocupación/la lucha o huida de tu cerebro) se tranquiliza de inmediato. Entonces, puedes pasar a una mente más racional y tranquila, donde la dicha y la genialidad acontecen.

He aquí cómo funciona esto. Ahí estás tú, con tu mente de mono saltando de una rama a otra, cuando ¡BUM! te percatas de que te has ido por la tangente o sumido en una vorágine emocional. Entonces le das un nombre:

«Estoy preocupado».

«Me siento culpable».

«Estoy fantaseando».

«Me estoy poniendo tenso».

Una de nuestras alumnas utiliza lo que ella llama la técnica del «Ah, ahí voy de nuevo». Tan pronto como se sorprende inmersa en un flujo de pensamiento, le atribuye una etiqueta como:

«Ah, ahí voy de nuevo a hacer listas».

«Ah, ahí voy de nuevo a preocuparme por el trabajo».

«Ah, ahí voy de nuevo a redecorar mentalmente mi casa».

«Ah, ahí voy de nuevo s sentir envidia».

«Ah, ahí voy de nuevo a ensayar lo que voy a decir».

Lo que me gusta de esto es que te permite amablemente (esto es, sin juicio) que te desenganches con un poco de humor. No pasa nada porque te rías de ti mismo un poco. ¡La meditación no tiene que ser tan seria! Esta técnica también te aporta muchísima información sobre cómo funciona tu cerebro, de manera que puedas ser consciente de tus faltas y hábitos mentales.

Sé amable con tu cerebro

Puede que seas una persona del tipo A que está acostumbrada a hacer que pasen cosas, pero durante la meditación no puedes hacer que pase algo. NO puedes obligar a tu mente a estar callada. Así que date un respiro y deja de reprender a esa mente de mono por ponerse en marcha.

Si tu mente no se calla, dale las gracias. No estoy de broma. Te está haciendo un favor enorme si va a un millón de kilómetros por minuto mientras meditas, porque te está demostrando en tiempo real hasta qué punto la cháchara que tiene lugar en tu mente dirige el cotarro. También te está proporcionado la oportunidad de oro de redirigir tu atención con un propósito, alejándola del flujo de pensamientos y haciéndola volver a tu respiración. Y como ya sabes a estas alturas, ésta es la sencilla acción que reconfigura tu cerebro con el tiempo.

A mayor abundamiento, y como dice Steve Ross: «La agitación de tu mente es tu mejor amigo. Sin ella, ni investigarías ni buscarías; te limitarías a tumbarte junto a la piscina. A un nivel espiritual, la agitación es una señal de tu instinto de que queda algo más por descubrir».

La meditación es lo más sencillo del mundo, pero también lo más difícil, porque la mente te dará un millón de razones para no hacer-

la. Y dado que son nuestras mentes las que dicen que no lo haga-
mos, solemos pensar que somos nosotros quienes nos decimos eso.
Pero si meditas con regularidad, aunque solo sea durante períodos
cortos de tiempo, pronto empiezas a observar que tu mente no es tú
y que mucho de lo que dice no es lo que más te conviene.

ART, 41 AÑOS, EJECUTIVO DE TELEVISIÓN

Acerca de tener paciencia con el proceso (y contigo mismo)

¿Preocupado porque «no funciona»? Es algo muy frecuente. Te prometo que lo es más de lo que crees. Pero aun así, si tienes la sensación de que no estás llegando a ninguna parte, puede resultar decepcionante. A las personas de éxito no les resulta fácil aceptar que no pueden «ganar» en la meditación. En realidad, puede que ni siquiera se te dé bien. Y créeme, ¡soy una persona muy competitiva!

En la meditación a veces conectas con tu alma interior y encuentras la felicidad; a veces te sientas en silencio, respiras y te tranquilizas; y a veces te sientas y tienes la sensación de que te estás enfrentando a tu mente desbocada. Cualquiera de estas experiencias puede aparecer cada día, y lo bonito del caso es que en realidad no importa. Una de nuestras alumnas habituales, una abogada llamada Lauren, me pidió que compartiera lo siguiente: «El mejor consejo que puedo darle a los que se inician es que todo cuenta. Aunque tu cabeza no pare ni un momento, eso cuenta. Estoy muy feliz de que me contaran esto, así que lo transmito».

La conclusión es que obtendrás todos los beneficios de las modificaciones cerebrales que acompañan a la meditación, con independencia de que consideres que fuera una «buena» sesión o no. Hace poco estuve viendo una entrevista en *Good Morning America* con el maestro de meditación trascendental Bob Roth, quien narró una anécdota sobre su maestro, el Maharishi Mahesh Yogi. Un periodista le preguntó al Maharishi:

«Algunas meditaciones son más superficiales y otras parecen más profundas. ¿Las mejores son las profundas?»

«No —respondió el Maharishi—. Las dos son igual de buenas.»

Cuando el periodista le preguntó cómo era eso posible, el Maharishi contestó:

«Porque incluso cuando buceamos a poca profundidad, nos mojamos.»

Lo que sigue son algunas perlas de sabiduría de nuestros maestros sobre olvidarse del juicio y tener un poco de paciencia con el proceso...

En el caso de muchas personas, la primera vez que se sientan a meditar, están elaborando listas. La segunda vez, están pensando en cómo se van a equivocar. La tercera, piensan en un conversación que mantuvieron. Se acabó...¡olvídalo! Se quedan fuera. A la mayoría nos motiva el esfuerzo y el interés; creemos que ésa es la fórmula mágica por la que tenemos éxito y alcanzamos los objetivos. Así que nos acercamos a la meditación con las mismas habilidades y nos sentimos frustrados cuando no nos dan resultado. Pero esto es lo contrario. Esto es rendirse. ¿Puedes olvidarte de todo el esfuerzo y el interés y estar solo contigo mismo?

DAVIDJI

Da lo mismo lo que suceda durante tu meditación. Ésta es como Las Vegas... lo que sucede en tu meditación se queda allí. De todas formas, el beneficio de tu práctica se manifiesta durante el resto del día, así que nada de juzgar cómo deberías sentir esta experiencia.

MEGAN MONAHAN

Si tuviera un pronóstico del tiempo de la meditación, sin duda no sería como el de Palm Springs, donde siempre hace sol, ni como el de Seatlle, donde llueve a todas horas. Sería como el de Hawái, donde ahora brilla el sol, más tarde hay una tormenta y luego vuelta a empezar, y no pasa nada. El juicio de lo que quiera que suceda es lo que ahoga la felicidad. La simple felicidad es: *Eh, hoy he hecho mis cinco minutos.*

HEATHER HAYWARD

Cuando te sientas a meditar, tu única intención ha de ser experimentar esa meditación tal como suceda, sin hacer comentarios. No estás en posición de juzgar tu meditación. ¿Qué sabes tú en realidad de lo que está sucediendo ni de lo que has avanzado en el proceso?

STEVE ROSS

15 meditaciones cotidianas

Una vez que adquieres la experiencia de lo que la meditación puede hacer por ti, desearás tener esa sensación cada vez más a menudo. Esas pequeñas meditaciones son la manera ideal de conseguir pequeños chutes de concentración, calma y alegría a lo largo del día. Puedes escoger y decidir las que necesitas siempre que las necesites. Todas las hacemos breves, agradables y realizables en menos de cinco minutos, de manera de que te resulte fácil incorporarlas a tu jornada, aunque siempre puedes ampliarlas hasta los veinte minutos o más si dispones de más tiempo. No hay nada que te impida convertir estas sesiones en meditaciones más largas y completas para obtener una experiencia aún mejor y más profunda. Puedes encontrar grabaciones (en inglés) de cada una de estas meditaciones en unplugmeditation.com.

La meditación de Unplug

Tiempo necesario: menos de un minuto
Ideal para: una rápida reconexión contigo mismo
Utilízala cuando: quieras un pequeño chute de esa magia de la meditación

Cada una de las demás meditaciones en miniatura que encontrarás a continuación tiene un propósito específico, aunque ésta es nuestra clásica rapidita que resume todas las demás meditaciones en una. Considérala tu meditación básica, a la que acudir siempre que dispongas de sesenta segundos o menos. Beneficio extra: ¡Es superfácil de recordar!

Éstos son los pasos, cuyas iniciales en inglés forman el acrónimo UNPLUG:

1. U [Unplug]: Desconecta tus dispositivos y desconéctate de todas las tareas que estés haciendo.
2. N [Notice]: Observa qué estás sintiendo.
3. P [Pick]: Selecciona un punto en el que concentrarte (tu respiración, un mantra, un objeto o una visualización).
4. L [Let it go]: Suéltalo.
5. U [Understand]: Comprende que los pensamiento vendrán y se irán.
6. G [Get on]: ¡Sigue con tu jornada!

La meditación de la degustación

Tiempo necesario: un minuto

Ideal para: calmarse, apreciar el momento y disfrutar del gozo de la comida

Pruébala cuando: empieces una comida

Comer es algo que hacemos a diario, por lo general sin prestarle atención. Sé sincero: ¿Cuántas veces te has sentado delante del televisor y has dado cuenta de una bolsa entera de patatas fritas o comido una galleta y te has preguntado: *¿Adónde se ha ido?* Esto no solo nos saca del momento presente; también ayuda a que engordemos porque no prestamos atención a lo que estamos engullendo.

Comer y meditar al mismo tiempo te permite que te des cuenta cuando tu cuerpo dice: *Bueno, ya es suficiente.* Mi tendencia natural es devorar los alimentos muy deprisa y comer el triple de lo que necesito porque no me doy la oportunidad de observar que estoy llena. Así que cuando termino, me siento fatal. Esta meditación de la degustación te obliga a ir más despacio, lo cual hace que sintonices de nuevo con la cantidad y la naturaleza de lo que estás comiendo. Y lo que es aun mejor, llegas a disfrutar realmente de la comida.

Esta meditación la puedes hacer en cualquier parte, a la hora que sea y con cualquier comida. Para que te hagas una idea, te la enseñaré con una uva pasa, que es como yo la aprendí. Incluso si practicas esta meditación durante una comida o un entrante, tienes la oportunidad de robar de nuevo un instante y hacer algo bueno por ti.

Ésta es la guía paso a paso para la meditación de la degustación.

1. Coge una uva pasa.
2. Mírala y hazte esta pregunta: *¿Cómo llegó esto desde la tierra a mis dedos?* Piensa en ello. Alguien plantó las viñas, recogió las uvas, secó los racimos… imagina todas las etapas necesarias para que esa pequeña pasa hiciera todo ese recorrido hasta llegar a ti.
3. Llévate esa pequeña pasa hasta la oreja. Sé que parece extraño, pero cuando aprietas una pasa, ésta hace un ruido entre un *estallido, un crujido y un chasquido.* Dedica unos segundos a escuchar.
4. Ponte la pasa delante de la boca con los labios cerrados. Observa que empiezas a salivar un poco ante la expectativa de comerla. Es algo realmente extraño, ¡pero pasa de verdad!
5. Métetela en la boca y palpa la textura con la lengua, tras lo cual empieza a masticarla lo más despacio que puedas. Al

masticar, observa cómo la piel se separa de la dulce carne del interior. Estoy segura de que jamás has masticado nada lo bastante despacio para darte cuenta de cómo tu lengua se mueve sola por todas partes. Con cada mordisco se monta una fiesta en tu boca a la que has sido invitado desde el principio... ¡y jamás has confirmado tu asistencia!

6. Traga, sonríe y sigue con tu jornada.

Meditación en movimiento

Tiempo necesario: 3 minutos

Ideal para: arraigarse; también es fenomenal para cualquiera que tenga problemas para sentarse quieto

Pruébala cuando: la vida se te antoje caótica, insoportable o fuera de control

Todos tenemos momentos así: nada sale bien en el trabajo, tus hijos te vuelven loco y acabas de perder las llaves por sexta vez esta semana. Para arraigarse en medio del caos, prueba a practicar esta meditación en movimiento:

1. Ponte de pie. Puedes hacer esta meditación con zapato plano, en calcetines o preferiblemente descalzo.
2. Siente tus pies. Mueve los dedos y conéctate a lo que sienten las suelas de tus pies al contacto con el suelo.
3. Levanta el pie derecho muy lentamente y da un paso con él. Pósalo en el suelo empezando por el talón y a partir de ahí muévelo hasta apoyarte en el pulpejo del pie.
4. Da el siguiente paso con el pie izquierdo de la misma manera, a cámara lenta. Observa cómo tu peso se desplaza hacia de-

lante y tu cuerpo y rodillas trabajan de consuno como una máquina, impulsándote hacia delante.

Mantén los ojos abiertos, y cuidadosamente enfocados en un punto situado ligeramente delante de ti; cerrarlos hará que tengas náuseas y te marees.

Algunas personas hacen las meditaciones en movimiento durante un paseo, pero yo no tengo paciencia para eso. A mí me da resultado con tres minutos. En realidad, debería haber titulado este libro ¡«Guía de meditación para el impaciente»!

Un chute rápido de sosiego

Tiempo necesario: de 1 a 5 minutos
Ideal para: aliviar la angustia, aplacar la ira o aliviar la frustración.
Pruébala cuando: las tensiones aumenten

Para conseguir tranquilidad cuando más la necesites, prueba esta Meditación Expreso creada por Johnny O'Callaghan. Se trata de una meditación de respiración que te pega con la misma rapidez y potencia que una descarga de cafeína, solo que ésta te aquieta los nervios. Como explica Johnny: «Ésta te desconecta de tu mente y te hace estar presente. Es fantástica si estás a punto de pronunciar un discurso, tener que tomar una decisión rápida y difícil o salir al escenario; en cualquier momento en que tengas que estar presente y tranquilo rápidamente.»

Así es como funciona:

1. Respira siete veces lentamente, inspirando y espirando por la nariz.

2. Respira siete veces más lentamente, inspirando por la nariz y espirando por la boca.
3. Por último, respira siete veces todavía más lentamente, inspirando y espirando por la boca.

Como suena: siete inspiraciones y espiraciones por la nariz; siete inspiraciones por la nariz y sendas espiraciones por la boca; siete inspiraciones y espiraciones por la boca. Cuando hayas terminado, reanuda la respiración normal y observa cómo se ha modificado tu energía.

Meditación para levantar el ánimo

Tiempo necesario: 1 minuto
Ideal para: salir del malhumor
Pruébala cuando: te sientas triste, malvado o enfadado

El agradecimiento es el antídoto instantáneo para el malhumor. Literalmente, es imposible que te sientas irritable y agradecido al mismo tiempo. Ésta es la forma de que pases de sentirte desagradable a estar animado en menos de sesenta segundos:

1. Cierra los ojos.
2. Piensa en tres personas o cosas por las que sientas agradecimiento. ¡No lo hagas sin ganas! Lo que quieres es escoger tres cosas por las que te sientas *sinceramente* agradecido. Podría tratarse de alguien con una importancia especial en tu vida; o alguien que te cedió el asiento en un metro atestado; o por la salud de tus hijos; o por que no esté lloviendo hoy... da igual que sea algo grande o pequeño, todo importa. Por ejemplo, el café aparece a veces en mi lista.

3. Abre los ojos.

¡Se acabó! Es así de fácil.

Meditación sentimental

Tiempo necesario: de 3 a 5 minutos
Ideal para: aumentar o recuperar los buenos sentimientos hacia ti mismo y los demás
Utilízala cuando: estés deprimido o furioso/disgustado con alguien

Ésta es una meditación clásica que a menudo recibe la denominación de «meditación de la bondad amorosa». La llames como la llames, el principio básico es que sientas amor por ti mismo y por los demás. Es útil utilizarla cuando tienes un conflicto con alguien en tu vida, porque te ayuda a encontrar el camino hacia la compasión y de regreso al amor. Y la verdad, no hay mejor sentimiento que el amor.

Ésta es la forma de hacerla paso a paso:

1. Cierra los ojos.
2. Dirige la atención hacia ti mismo y relaciona tres cosas que te encanten de ti. ¿Eres amable? ¿Eres inteligente? ¿Eres creativo? ¿Haces reír a los demás?
3. A continuación, piensa en alguien por quien sientas mucho aprecio. Es probable que quieras a muchas personas, pero en interés de esta meditación, escoge a la que en este momento ocupe una posición de privilegio para ti. Imagínate abrazándola y transmitiéndole tu amor.
4. Luego, piensa en un amigo que necesite algo de amor. Puede que esta persona tenga problemas o esté pasando por una si-

tuación difícil en este momento. Imagínate enviándole tu cariño por carta; imagínate a esa persona abriendo la carta, leyéndola y sonriendo.

5. Ahora piensa en alguien que te resulte indiferente. Por mi parte, siempre pienso en la recepcionista del colegio de mis hijos. Es una persona encantadora, pero a la que no conozco bien. Envía algo de cariño a esta persona, imaginando que le remites por sorpresa una sentida tarjeta de agradecimiento para hacerla feliz.

6. Por último, piensa en la persona que en estos momentos te plantea más problemas. Enviar cariño a alguien que no te gusta es difícil, pero al hacerlo, en realidad te estás liberando de tu destructiva ira y pasando página.

   Imagina cómo es ser esa persona, aunque no es algo que querrías ser. Envíale pensamientos de *paz, amor y buenos deseos.*

Este último paso extirpa tus emociones problemáticas para que puedas avanzar. La indulgencia o la renuncia a los sentimientos negativos hacia alguien (o hacia ti mismo) suele ser difícil de conseguir, pero si sigues estos pasos, te resultará mucho más fácil porque ya has sembrado en tu corazón esos sentimientos de amor en los pasos 1 a 5.

Para otras variaciones de la meditación de la bondad amorosa, puedes encontrar en YouTube dos de mis favoritas de Sharon Salzberg o Tara Brach.

La meditación del Starbucks

Tiempo necesario: lo que dure la cola del café
Ideal para: exprimir una meditación
Utilízala cuando: estés esperando en la cola... y esperando...

¿Por qué perder el tiempo haciendo cola cuando puedes transformar el hecho en una oportunidad? Ni siquiera somos conscientes de cuántos momentos preciosos podemos recuperar. Por lo general, cuando estamos esperando en una cola, nuestra mente está en otro mundo. Pero con esta meditación, vas a traerla de nuevo a éste para que puedas arraigarte y volver a recuperar la fuerza de estar presente. Estar atento cuando estás haciendo algo es una manera de colarte en la meditación en los momentos cotidianos de la vida. Queremos que seas consciente del momento en el que estás, porque entonces estarás viviendo realmente el ahora.

La Meditación del Starbucks son tres meditaciones combinadas en una: la Meditación en Movimiento, La Meditación Sentimental y la Meditación de la Degustación. Ésta es la manera de que conviertas tu próxima excursión cafeínica en un pequeño retiro de mindfulness:

1. Mientras esperas en la cola para pedir, concéntrate en tus pies. Pon literalmente toda tu atención en los pies y siente cómo se conectan al suelo.
2. Levanta el pie derecho muy lentamente y da un paso con él. Pósalo en el suelo apoyando primero el talón y vete trasladando el peso lentamente hasta el pulpejo.
3. Da el siguiente paso con el pie izquierdo de la misma manera, a cámara lenta. Observa cómo tu peso se va desplazando y tu cuerpo y rodillas actúan conjuntamente como una máquina,

impulsándote hacia delante. Haz todo esto muy lentamente, lo cual no te resultará muy difícil, puesto que tienes a alguien delante de ti en la cola.

4. Cuando te toque pedir, mira amablemente a los ojos al barista y haz tu pedido con una sonrisa. Si le sonríes, te devolverá la sonrisa; eso establece un vínculo. Es extraño la de veces que no lo hacemos. A veces incluso te pondrá el capuchino gratis. *#suelepasar*

5. Después de haber hecho el pedido, dirígete hasta el área de espera. En lugar de estar enfadado por la tardanza en que te sirvan tu café, párate y conecta con tu respiración. ¡No hagas trampas e intentes coger tu teléfono! La pugna aquí consiste en que quieres hacer otra cosa distinta a estar allí, pero estás utilizando esa fuerza de redirección que has estado desarrollando con tu práctica para llevarte permanentemente de nuevo al momento presente.

6. Cuando llegue tu bebida, detente después de cogerla y siente en tus manos su calor o su frío. Póntela debajo de la nariz y aspira su aroma. Entonces dale un sorbo, disfrutando de verdad de su sabor.

Así de fácil es convertir un momento de obligada lentitud en una oportunidad para practicar el mindfulness. Me encanta esta meditación rápida; es una manera muy intensa de empezar el día.

Meditación de la relajación

Tiempo necesario: 5 minutos

Ideal para: rebajar la tensión

Utilízala cuando: necesites un respiro para relajarte, revivir y refrescarte

La mitad de las veces estamos tensos y ni siquiera lo sabemos. Esta meditación de control corporal es una manera fantástica de liberar la tensión de todo el cuerpo. Liberamos la tensión, y nos sentimos mejor. Así de simple.

He aquí cómo:

1. Túmbate y cierra los ojos. Si estás en tu oficina o en cualquier otra parte donde no sea adecuado tumbarse, siéntate cómodamente en una silla.
2. Respira tres veces lenta y prolongadamente.
3. Centra la atención en los pies y observa qué es lo que sienten. Siente el peso de la parte posterior de tus talones sobre el suelo. Tensa los pies, y luego relájalos conscientemente.
4. Lentamente ve subiendo por tu cuerpo de la misma manera, hasta las pantorrillas, los muslos, las caderas, las manos, el estómago, el pecho, los brazos, los hombros, el cuello y la cara. Tensa la pierna entera, y luego relájala; puedes hacer esto con una o con ambas piernas a la vez, dependiendo del tiempo que tengas. Tensa el estómago, y después relájalo. Aprieta los puños y relaja las manos. Ve de abajo arriba, terminando por la cara. Relaja los labios, las mejillas, los ojos, la frente y el cerebro.
5. Respira una última vez profundamente y abre los ojos.

Nota: Esta meditación también es fantástica para hacerla antes de dormir, para que te ayude a relajarte y te vayas a la cama.

Meditación para dormir profundamente

Tiempo necesario: 3 minutos
Ideal para: relajarse antes de irse a la cama
Utilízala cuando: necesites ayuda para conciliar el sueño o incluso si solo
  deseas dormir mejor

Prueba a realizar este ejercicio de respiración que aprendí de la maestra de Unplug Sara Ivanhoe, luego sigue con el control corporal y es posible que te quedes rápidamente dormido en cuestión de minutos.

1. Túmbate y cierra los ojos.
2. Lleva el dedo índice y el dedo corazón de tu mano derecha a lo que se llama tu «tercer ojo», el punto situado entre y por encima de tus cejas unos 1,25 cm. Si estás tocándote en el centro de la frente, eso es demasiado alto. Esta es una buena meditación para consultar en nuestra página web, unplugmeditation.com, de manera que puedas verla en persona.
3. Sitúa el pulgar derecho encima de la fosa nasal del mismo lado.
4. Respira lentamente por la fosa nasal izquierda durante todo el tiempo que puedas.
5. Luego levanta el pulgar y presiona el orificio nasal izquierdo con el meñique derecho, expulsando el aire por la fosa nasal derecha.
6. Alterna la respiración de esta manera, inspirando por una fosa nasal y espirando por la otra durante tres minutos, ¡y te sentirás transformado!

La meditación del anulador de obsesiones

Tiempo necesario: de 1 a 3 minutos
Ideal para: liberarse de las vorágines mentales
Utilízala cuando: algo te esté incordiando y no seas CAPAZ DE PASAR DE
    ELLO

Todos tenemos cosas que nos obsesionan: errores cometidos, sentirse gordo, preocupaciones en el trabajo... Puede ser difícil olvidar todas esas cosas, ¡pero ahora estás capacitado para hacer exactamente eso! Has fortalecido ese músculo de la reorientación, y esta pequeña meditación de imágenes guiada te ayudará a apartar todo eso aún más deprisa.

Esto es lo que tienes que hacer la próxima vez que no parezcas capaz de dejar de rumiar sobre algo:

1. Cierra los ojos y piensa en lo que te está obsesionando (no es difícil, ¿verdad?).
2. Imagina la pantalla de un ordenador, con tu mano sobre un ratón o una almohadilla táctil. Dirige la flecha a ese asunto que tienes en tu imaginación y pincha en él.
3. Imagina que arrastras esa cuestión a la Papelera. La ves como es succionada literalmente por la papelera.
4. Ahora, clica en Vaciar Papelera.
5. Imagina que aparece en la pantalla una página en blanco, limpia y vacía, y respira.
6. Si vuelve a aparecer una ventana emergente del tema, simplemente arrástrala a la Papelera y repite.

Meditación para recuperar la concentración

Tiempo necesario: menos de un minuto

Ideal para: Recuperar la concentración

Utilízala cuando: te des cuenta de que tu mente se ha ido de excursión y tiene que volver al buen camino

No podría decirte la de reuniones a las que he asistido en las que mi mente se ha ido a dar una vuelta, y cuando ha regresado no tenía ni idea de lo que estábamos hablando. Reconozco que esto me sucede también en las conversaciones. Cuando te des cuenta de que tu mente se ha ido sola a pasear, ésta es la forma de hacerla regresar. Con la meditación de la PAUSA, que aprendí en el Centro de Investigaciones de la Atención Plena de la UCLA:

1. Deja lo que estés haciendo.
2. Respira una vez... o dos, o tres, o cuatro veces.
3. Observa la situación. Repara en lo que está sucediendo, en dónde estás, quién está hablando, en que estás divagando.
4. Sigue con lo que estabas haciendo, solo que ahora hazlo despierto y consciente.

Utiliza la PAUSA siempre que necesites volver al aquí y ahora.

Meditación de la pérdida de peso

Tiempo necesario: de 1 a 5 minutos

Ideal para: poner freno a los antojos

Utilízala cuando: las rosquillas, las patatas fritas y el helado te griten: ¡Cómeme!

Cuando comemos en exceso o cosas que no nos convienen, por lo general lo hacemos porque estamos estresados y cedemos sin darnos cuenta a nuestros antojos. Tal vez nos sintamos impotentes para resistir la tentación del azúcar o los aperitivos salados, pero *sí podemos* elegir sobre lo que nos metemos en la boca, y *podemos* reaccionar a ese poderoso deseo de comer de más de una manera mejor con un poco de ayuda de nuestro cerebro desconectado.

Si de verdad quieres perder peso, lo mejor que puedes hacer es meditar antes de las comidas. Empezar el día con la meditación activa tu botón interior de Pausa para que recuperes el control en el momento en que te asalte la tentación. Estás entrenando a tu cerebro para que te conceda un instante, para decidir conscientemente antes de que engullas esa comida sin pensar.

Ésta es tu meditación espontánea cuando estás en ese momento de pausa, para permitir que tomes la mejor decisión:

1. Cierra los ojos y respira lenta, profunda y dilatadamente tres veces.
2. Repite para tus adentros estas cinco frases (si tienes que leerlas hasta que te las aprendas de memoria, no pasa nada por que abras los ojos):

Como conscientemente y sé cuáles son mis hábitos alimenticios.
Sé lo que me hace sentir bien y lo que no.
Yo decido lo que meto en mi cuerpo y lo que no.
Como para alimentarme y sentirme bien.
Tengo la facultad de decir sí y no

3. Luego, repite en silencio el mantra *Yo elijo.*
4. Repite esto cuantas veces sean necesarias hasta que los antojos se calmen y sientas que recuperas el control. ¡Esos dónuts ya no pueden contigo!

Meditación de la claridad

Tiempo necesario: 1 minuto
Ideal para: acceder a respuestas e inspiración del interior
Utilízala cuando: estés atrapado en un problema o una duda

Estás atrapado... no estás seguro de qué hacer o cómo actuar... tienes la mente en blanco. Ya sea un problema personal o un bloqueo creativo lo que estés tratando de resolver, esta meditación intencional es la manera ideal de penetrar a través de la confusión y alcanzar la claridad.

Con esta meditación, estás utilizando una parte de tu mente para plantear la pregunta o el problema, para luego cambiar a tu mente meditativa profunda a fin de alcanzar la solución. La solución está escondida allí, ¡y la meditación puede ayudarte a encontrarla!

La próxima vez que te sientas atrapado, prueba esto:

1. Cierra los ojos y respira tres veces dilatadamente.
2. Piensa en la pregunta a la que andas dando vueltas.
3. Pregúntate: *¿Cuál es la respuesta a esta pregunta?*
4. Olvídate de la pregunta, empieza tu meditación regular y repara en lo que se te ocurra. Si la pregunta sigue apareciendo, trátala como a una idea cualquiera y olvídala amablemente, tras lo cual vuelve a tu respiración/mantra.

La cuestión es no darle vueltas a la pregunta; es probable que eso ya lo hayas hecho bastante. Lo que quieres es librarte de la conciencia que creó el problema o la duda, de manera que puedas inclinarte poco a poco hacia el espacio de conocimiento donde están las respuestas.

Consejo: utiliza unas pocas gotas de aceite esencial de hierbabuena, que favorece la claridad mental (vease Meditación de Aromaterapia, página 157).

Meditación del equilibrio de los chacras

Tiempo necesario: de 5 minutos en adelante
Ideal para: el equilibrio general de la mente, el cuerpo y el alma
Utilízala cuando: te sientas «raro» o solo quieras un ajuste

Los chakras son puntos de energía de tu cuerpo. Puedes sentirlos, aunque no verlos. Como Steve Ross explica: «Todo el mundo está familiarizado con el cuerpo físico, pero existen dimensiones más sutiles. El cuerpo sutil —que es aquel en el que estás cuando estás soñando— contiene siete chakras o vórtices de energía. Si diseccionas un cuerpo, no encontrarás ningún chakra; pero si diseccionas un cerebro, tampoco encontrarás ninguna emoción ni ninguna idea. Por el mero hecho de que no puedas verlos, no significa que no sean reales».

Los sietes chakras están situados en una línea recta que empieza en la base de la columna vertebral de tu cuerpo y termina en la coronilla. Cada chakra tiene su energía y color respectivos. Para facilitar la consulta, echa un vistazo al cuadro de la página siguiente:

CHAKRA	UBICACIÓN	ENERGÍA	COLOR
1º (Raíz)	Base de la columna	Arraigo, supervivencia, protección	Rojo
2º (Sacro)	Entre el ombligo y la pelvis	Sensualidad, energía creativa, valor	Naranja
3º (plexo solar)	Abdomen	Fuerza personal, abundancia	Amarillo
4º (corazón)	Centro del pecho	Amor, confianza	Verde
5º (garganta)	Zona del cuello	Comunicación, expresión personal	Azul
6º (tercer ojo)	Entre las cejas	Intuición, ideas, pensamientos, sueños	Índigo
7º (coronilla)	Coronilla o un poco más arriba	Esclarecimiento, conciencia superior	Violeta

Esta meditación alinea todas las energías diferentes. A todo el mundo le encanta esta práctica, ya que es maravillosa para conseguir el equilibro general. La verdad, ¿qué podría haber de malo en sentirse más arraigado, dichoso, capacitado, afectuoso, sintonizado y esclarecido?

Así es como la hace Steve:

1. Túmbate y cierras los ojos.

2. Empieza respirando lenta y prolongadamente tres veces para integrarte en tu cuerpo.

3. Vas a explorar dos veces tus chakras; en la primera haces esencialmente un autodiagnóstico de tu cuerpo y tu situación energética, y en la segunda lo equilibras todo. Para hacer la exploración de diagnóstico, concéntrate y mantén la atención en tu primer chakra, el de la base de la columna vertebral, con exclusión de todos los demás. Observa si sientes calor, frío, pulsaciones o cualquier otra sensación relacionada con que el punto contenga energía. Si sientes algo, fantástico; eso significa que ese chakra está activo. Si no es así, tampoco pasa nada; solo significa que la segunda vez deberás concentrarte más tiempo ahí para ayudar a que se active. Limítate a observar, déjalo estar y pasa al siguiente chakra. Asciende por el resto de los chakras haciendo lo mismo, observando cuáles son los que sientes y cuáles no.

4. Déjalos pasar todos y respira unas cuantas veces más.

5. Vuelve a concentrarte en tu primer chakra para empezar tu segunda exploración. Esta vez, mantén tu concentración en ese chakra durante unos minutos. Esto te ayudará a visualizar el color de cada uno mientras lo haces. Si pierdes la concentración, vuelve a llevarla al mismo sitio y empieza de nuevo. Observa todas las sensaciones que ocurran mientras haces esto, luego déjalas pasar y vuelve a concentrarte en ese punto. Asciende por los restantes seis chakras haciendo lo mismo.

Lo que quieres es tener todos los chakras encendidos, y para que eso suceda, tienes que centrar tu atención en cada uno de ellos. Algunos días te darás cuenta de que sientes algunos de los chakras de manera muy tangible, mientras que otros no; cada uno indica algo. A veces, el único que siento es el chakra de mi garganta. Entonces sintonizo y descubro que hay algo que tengo que comunicar, alguna verdad que tengo que admitir y expresar.

Y entonces, al día siguiente puede que sea todo lo contrario. A medida que sigas practicando esta meditación, observarás que va cambiando, que lo que estaba activo un día, tal vez esté latente al siguiente. Esta meditación te permite equilibrar cualquier cosa que necesite más energía en ese momento concreto.

Consejo: también puedes poner cristales en uno o más chakras para conseguir un estímulo energético extra. Ésta es una de las cosas que más me gusta hacer. Véase la página 158 para más información al respecto.

La meditación del tráfico

Tiempo necesario: de 1 a 3 minutos (puede repetirse cuantas veces sean necesarias)

Ideal para: desvanecer la frustración, el estrés y la agresividad al volante

Utilízala cuando: estés en un embotellamiento de tráfico espantoso

¡No hay nada más estresante que estar atrapado en la I-405 a las cinco de la tarde en Los Ángeles! Éste es nuestro remedio para esos momentos en los que ves un río interminable de coches parados delante del tuyo y empiezas a sentir que te hierve la sangre. Es literalmente tan fácil como A, B y C:

1. A = Atención a la carretera. Concéntrate en la situación y registra una conciencia absoluta de la situación con todo el detalle que puedas. Por ejemplo: *Estoy en un embotellamiento; no me muevo; estoy atrapado; voy a llegar tarde y detesto llegar tarde; me siento fatal.*

2. B = Barrido corporal. Empezando por los pies, recorre todo tu cuerpo para arraigarte. Siente tus pies en los pedales, la espalda en el asiento, las manos en el volante y la mirada fija en la carretera.

3. C = Conecta con tu respiración. En primer lugar, inspira y espira profunda y lentamente, tomando aire por la nariz y soltándolo por la boca. Luego, pon tu atención en la caja torácica y aspira hasta contar cuatro, sintiendo cómo se hincha. Mantén el aire contando hasta cuatro, y luego espira contando hasta cuatro, sintiendo cómo tu caja torácica se desinfla. Cuenta hasta cuatro y repite el proceso unas cuantas veces más, hasta que te sientas relajado.

Después de tu ABC repite tres veces el mantra: *Es lo que hay,* en voz alta o en silencio. Puede que el tráfico no desaparezca, pero tu desasosiego sí lo hará.

Sigue adelante

En cuanto tu alma se despierta gracias a la meditación, la tendencia es a que quieras profundizar y hacer más. ¡Hay tantos caminos interesantes que explorar por el mundo adelante!

Aquí encontrarás información sobre otras formas de meditación, entre ellas la meditación de conciencia guiada, meditación de aromaterapia, meditación de cristales, meditación de sonidos y meditación de intenciones. También he incluido información sobre otras cinco prácticas que me parece merecen ser probadas: el golpeteo o tapping, la sanación por cristales, el baño de sonidos y la meditación para niños. Te digo que lo pruebes todo para ver lo que te gusta; no tienes nada que perder, excepto tu escepticismo y tu estrés.

Otras formas de meditación

C reo sinceramente que la Fórmula Sencilla para la Meditación Directa es la manera más fácil de poner en marcha la práctica de tu meditación. Pero, al mismo tiempo, la meditación no es un único tipo que se adecue a todos. Es conveniente poner a prueba diferentes maneras de meditar para ver cuál es la que más te gusta. Además, ¡resulta divertido!

Éstas son algunas de mis otras maneras favoritas de meditar; encontrarás vídeos con explicaciones (en inglés) de cómo se hacen muchas de ellas en nuestra página web unplugmeditation.com.

Meditación de la conciencia guiada

Me encantan las imágenes guiadas. Algunas personas peguntan si se trata realmente de una forma de «meditación», pero yo no tengo ninguna duda en absoluto. Las imágenes guiadas es una forma muy efectiva para relajarse y tranquilizarse, así como para cultivar emociones positivas como la gratitud y la compasión, aunque también puede abrirte a la conciencia de situaciones o verdades interiores que ni siquiera sabías que estuvieran allí. Verdaderamente, se trata de un viaje hacia el autoconocimiento. En algunas clases de imágenes guiadas, he imaginado mi yo futuro, sentido la sensación de estar

tumbada en una playa en Jamaica y visto mi vida ideal en una pantalla de cine. He visualizado el árbol de mi vida y a mí misma como
jardinera, arrancando hojas que representan personas de las que me
tengo que olvidar o cosas que ya no necesito. En esas maravillosas
sesiones de cuarenta y cinco minutos he visualizado el cumplimiento
de mi sueños, y descubierto con todo detalle deseos que jamás supe
que tuviera y he llegado a vislumbrar las profundidades de mi alma.
¡Es algo genial!

En la meditación de la conciencia guiada, utilizas la misma fórmula básica que acabas de aprender (concentración, olvido, dejarte
llevar, reparar en que tus pensamientos merodean, vuelta a la concentración, repetición), solo que en lugar de utilizar tu respiración o
mantra, utilizas la voz de un maestro, que te guía por un trayecto de
visualizaciones. En este caso no puedes llegar allí solo; necesitas un
buen guía, que puede ser un maestro vivo o una grabación. He hecho
una lista de unas cuantas de mis fuentes favoritas en nuestra página
web, unplugmeditation.com; allí encontrarás un montón de ellas
fantásticas donde escoger.

Kristen Luman es una hipnoterapeuta diplomada y experta en
imágenes guiadas. Me encanta la manera que tiene de explicar las
expectativas de las imágenes guiadas:

Las imágenes guiadas es un proceso de autodescubrimiento. Las
personas experimentan y ven cosas que tal vez no hubieran
esperado, y por consiguiente, aprenden más sobre sí mismas.
Por ejemplo, haré que se imaginen pintando un paisaje de su
vida tal como es ahora mismo. Puede que empiecen sintién-
dose alegres, pero de pronto se sorprenden pintando un paisaje tormentoso. De acuerdo, así que ahora que lo has visto,
¿cómo vas a pintar cielos radiantes y suaves colinas en lugar
de unas peñas escarpadas? Veas lo que veas que no quieras

ver, lo puedes cambiar. Éste es un proceso de conexión contigo mismo a ese nivel profundo y de creación de nuevas asociaciones positivas.

El área del cerebro que se ilumina cuando hacemos algo de verdad es la misma que se enciende cuando imaginamos que hacemos esa misma cosa. De esta manera, estás programando el cerebro, aunque sea de una manera insignificante. Nuestros pensamientos afectan a todo, así que ¿por qué no crear los pensamientos para crear el mundo en el que quieres vivir? ¿Por qué no ser el artista de tu propia obra maestra?

Muchos principiantes encuentran que la meditación guiada es un fácil punto de entrada, puesto que tienen a alguien hablándoles literalmente a lo largo del camino. Tener un guía no solo te mantiene arraigado a algo exterior a tus pensamientos errantes, sino que también te proporciona el sentimiento único de estar conectado al que llegamos en Unplug y que se deriva del hecho de meditar con los demás.

Meditación de aromaterapia

El olor es un detonante muy eficaz para el cerebro. Piensa en cuando entras en un spa. Ese relajante y refrescante aroma indica: *la relajación está en camino*, e inmediatamente empiezas a sentirte más relajada. Me encanta incorporar aceites esenciales a mi práctica de la meditación.

En la meditación de aromaterapia utilizas el olor como medio para salir de tu mente dicharachera y regresar al momento presente. Así es cómo funciona:

Escoge un aceite esencial de buena calidad que sea de tu agrado. Lo puedes adquirir en cualquier tienda de belleza o de comida natural o en Internet. He aquí algunos de mis aceites esenciales favoritos y para lo que es especialmente bueno cada uno:

- **Lavanda:** relajación
- **Naranja:** felicidad, alivio de la angustia (mi preferido)
- **Menta:** claridad mental, alerta y alivio de la tensión (también es fantástico para los dolores de cabeza)
- **Rosa:** apertura del corazón, amor, compasión
- **Vainilla:** cordialidad, bienestar

Ponte unas pocas gotas en la palma de una mano y frótate ambas entre sí muy lentamente para extender y liberar el olor. Llévate las manos a la nariz, aspira, cierra los ojos y concéntrate en el aroma. Luego, deja caer las manos, olvídate del olor, respira y continúa con la práctica de la meditación. En cuanto notes que tus pensamientos han regresado a hurtadillas, vuelve a llevarte las manos hasta la cara, aspira su olor y empieza de nuevo.

Lo que es especialmente genial es que puedes mantener el aceite esencial en las manos y aspirarlo siempre que necesites volver a centrarte a lo largo del día. Con el tiempo, sobre todo si utilizas el mismo olor a menudo, éste se convertirá en un detonante automático que inmediatamente te introducirá en un estado de ánimo de sosiego (o dichoso o energético o amoroso). Confío de verdad en que pruebes la aromaterapia en tu meditación, pues añade algo muy especial a la experiencia.

Meditación de cristales

Son muchas las personas a las que la palabra cristal les quita las ganas de meditar. Pero los cristales no son meras piedras. Tampoco son mágicos (a menos que *mágicos* signifique los efectos de algo que se pueden sentir pero no demostrar, en cuyo caso lo son). Lo que puedo decirte como un hecho demostrado es que los cristales emiten frecuencias medibles que pueden ser intensas; ésa es la razón de que se utilicen en los láseres y en lo relojes de cuarzo. Algunas personas juran que los cristales les han curado (para saber más sobre la sanación por cristales, véase la página 167). Otras —como es mi caso, por ejemplo— pueden sentir cómo les sube físicamente un cosquilleo por los brazos cuando sujetan determinados cristales. Yo tengo amatistas en todas las habitaciones de mis hijos, y estoy convencida de que los tranquilizan. Como puedes ver, ¡soy una convencida!

En la meditación, los cristales se pueden utilizar como punto de concentración, de la misma manera que utilizarías tu respiración o un mantra. Cuando te dejas llevar por los pensamientos sobre el pasado o el futuro, sentir el peso, la textura y la sensación del cristal en tu mano es un recordatorio inmediato para olvidar tales pensamientos y regresar a tu respiración.

Empieza escogiendo un cristal. La maestra de meditación de cristales Jona Genova dice que lo mejor es comprarlos personalmente, porque lo que quieres es escoger la piedra y palparla. Puedes encontrar cristales en tiendas especializadas, en muchos estudios de yoga o incluso en algunos centros naturistas y tiendas de jardinería. Si tienes que comprar una en Internet por comodidad, solo asegúrate de comprarla en una tienda especializada en cristales y minerales y no en un minorista genérico, de manera que tengas la garantía de que estás comprando piezas auténticas de la mejor calidad.

Cada tipo de cristal encarna una energía concreta. El cuarzo rosa, por ejemplo, facilita el dar y recibir amor; la amatista favorece la sensación de paz. Sin embargo, Jonas está firmemente convencida de que, cuando escojas tu cristal, debes hacerlo intuitivamente, sin leer primero la descripción de sus propiedades o facultades. Casi siempre descubrirás que la piedra que escogiste representa la energía y cualidades que querías aportar a tu vida.

La seis piedras más populares en Unplug son:

1. Cuarzo rosa: amor
2. Amatista: paz
3. Turmalina negra: arraigo
4. Cristal de roca: equilibrio completo que aumenta la energía (como la energía de la alegría, la energía de la tranquilidad, etcétera)
5. Cornalina: felicidad
6. Pirita: éxito, buena suerte y prosperidad

Una vez que hayas escogido tu cristal, ponte cómodo en tu posición de meditación favorita y sujeta la piedra en la mano. Otra opción consiste en que te tumbes y la coloques sobre una parte del cuerpo (véase página 168 para obtener más información sobre el emparejamiento de los cristales con los diferentes chakras y lugares de tu cuerpo). Cierra los ojos, toma aire y concéntrate en la piedra. Siente de verdad su peso, temperatura y textura. Concéntrate en la piedra y respira, olvídala y divaga. Cuando adviertas que tus pensamientos han vuelto sigilosamente, vuelve a llevar tu conciencia a la sensación del cristal y empieza de nuevo.

Ah, y si crees que meditar con un cristal es energizante, ¡espera a probar la sanación por cristales de todo el cuerpo! Este proceso utiliza la fuerzas de estas piedras para equilibrar y sanarte a todos los niveles. Puedes leer más al respecto en la página 167.

Meditación de sonido

Si nunca has meditando escuchando el sonido de un cuenco tibetano, te recomiendo encarecidamente que lo pruebes. Para mí, la meditación de sonido es una de las maneras más interesantes de meditar, porque puedes sentirla físicamente. En lugar de concentrarte exclusivamente en tu respiración, te concentras en la sensación de la vibración sonora, la cual te ayuda a desconectar de tu cerebro y a conectar contigo mismo.

Hay varias maneras de poder hacerlo. En primer lugar, tienes que conseguir un cuenco. Lo puedes adquirir fácilmente en Internet. No tiene que ser nada sofisticado ni mucho más grande que un tazón de sopa. La mayoría llevan consigo un pequeño mazo de madera, que también necesitarás.

A continuación, túmbate y sitúa el cuenco encima de tu pecho o estómago. Respira varias veces lenta y dilatadamente para acomodarte y entonces golpea el borde del cuenco con el mazo. Oirás de inmediato un hermoso y melodiosos sonido; todavía mejor, sentirás su vibración por todo tu cuerpo. Créeme, ¡es asombroso! Dirige tu atención al sonido y la sensación y utilízalas como tu punto de concentración para la meditación. Cuando el sonido se detenga, siéntate en silencio y con atención. Cuando tu mente empiece a deambular, simplemente golpea el cuenco y empieza de nuevo.

Experimenta situando el cuenco en diferentes partes de tu cuerpo, porque cada una produce su propia sensación. Hacerlo sonar sobre los pies descalzos, por ejemplo, te hará sentir que los estás metiendo en un baño de agua caliente. También puedes hacer lo que se denomina «ducha de sonido». Esto no es algo que deba hacerse en público, porque la gente pensará que estás loco, ¡aunque sin duda es algo que hay que hacer! Coloca el cuenco boca abajo sobre tu cabeza y entonces golpéalo suavemente; el sonido se desparramará por todo tu cuerpo como una ducha. La ducha de sonido es una de las formas más fáciles y rápidas de relajarte completamente.

En la página 173 te hablaré de los baños de sonido, que lleva la meditación de sonidos a un nivel completamente diferente. Un profesional hace sonar una serie de gongs y campanas que encarnan el sonido del universo, mientras tú te sumerges flotando en el estado meditativo más onírico que puedas imaginar.

La meditación intencional

«La energía fluye por donde circula tu atención.» En un momento u otro acabas oyendo esta expresión en todos los estudios de yoga y clases de meditación, y lo cierto es que es verdad. Si te imaginas a ti mismo alcanzando un objetivo, ya estás en un 50 por ciento allí; pregúntaselo a un deportista profesional. Por otro lado, uno de los mayores obstáculos para alcanzar el éxito es que estés convencido de que no puedes lograrlo. Con la meditación de las intenciones, estás eliminando ese obstáculo al limpiar mentalmente el camino. Si la meditación es el acto principal, el establecimiento de las intenciones es el precalentamiento que mueve la energía en la dirección deseada para hacer que las cosas sucedan.

Las imágenes guiadas y la visualización son especialmente buenas para establecer las intenciones. Me encanta la manera que tiene la maestra de Unplug e hipnoterapeuta diplomada Amy Budden de explicar esto:

La meditación de visualización guiada es una manera eficacísima de utilizar la mente para influir en el cuerpo.

También puede ser una manera de potenciación para manifestar los resultados deseados de tu vida. Puedes cambiar tu estado físico o emocional imaginándolo que es así. Por ejemplo, uno puede imaginar un calor relajante para deshacer el malestar o imaginar una salud o energía vibrante cuando se está fatigado. Tu cuerpo sigue la dirección de tu mente.

Prueba esto: cuando estés cansado y sin energía, repite: *Estoy lleno de energía* una y otra vez y visualiza e imagínatelo. Utiliza todos tus sentidos para hacerlo real. Imagínate con la mayor energía que hayas sentido nunca. Al visualizarlo, empiezas a provocar esas cosas tanto mental como físicamente y a cambiar tu estado. Transcurridos cinco minutos, te garantizo que te sentirás mejor que cuando empezaste.

Intención + Visualización + Meditación = ¡Resultados!

Cuando te calmas, conectas con tu alma y puedes oír y ver lo que quiere. Puedes hacerte algunas preguntas y averiguar qué es lo que deseas de verdad. Tal vez te sorprenda descubrir que surge algo que es totalmente diferente a lo que pensabas que querías.

Para establecer una intención, empieza cerrando los ojos y respirando varias veces lenta y dilatadamente. Luego, pregúntate: *De todo lo conseguido el año pasado, ¿de qué es de lo que me siento más orgulloso?* Lo primero que surge suele ser tu respuesta más intuitiva. Visualiza realmente ese logro: qué sentiste, qué te pareció, cómo lo lograste.

Entonces, hazte una segunda pregunta: *¿Qué es lo que quiero conseguir este año?* Imagínate lográndolo como si estuviera sucediendo en tiempo real: qué te parece, qué sientes, cómo ha cambiado tu vida en consecuencia.

Ahora olvídate de ello y empieza tu meditación. El objetivo no es concentrarte en tus intenciones, sino solo verlas plenamente realizadas mentalmente antes de que entres en la meditación, cuando tu cerebro se vuelve más abierto y maleable.

Imagina tu intención, olvídala, respira, medita… ¡y sal a comerte el mundo!

Otras prácticas a probar

Al principio, mi única intención era mantener la meditación en los límites de la sencillez. Pero cuanto más meditaba, más ganas me entraban de explorar otros caminos espirituales. Descubrí que cuanto más buceaba en mí misma, más profundamente buceaba en la vida. En cuanto lo pruebas, ¡solo quieres seguir adelante!

A continuación relaciono algunas otras formas creativas de meditación de las que me he enamorado:

Tapping o golpeteo

Puedes que hayas oído hablar del tapping o golpeteo y te andes preguntando qué demonios es eso. Desde fuera, puede parecer sin duda un poco extraño, incluso algo ritual, pero en realidad es una de las maneras más eficaces de emprender los cambios en tus hábitos o pensamientos.

Nuestra maestra Lena George es una profesional del tapping y especialista en la Técnica de Liberación Espiritual (EFT). Voy a dejar que sea ella quien te explique qué es exactamente el tapping, cómo funciona y cómo se realiza:

La manera más fácil de comprender el tapping es considerarlo como una digitopuntura para las emociones. Lo que hacemos es golpetear con las puntas de nuestros dedos en los puntos de energía específicos que se utilizan en acupuntura, mientras al mismo tiempo y en voz alta pronunciamos determinadas frases o problemas sobre los que estamos trabajando. Lo que haces es activar el problema con tus palabras para sacarlo a colación, y luego el golpeteo envía una señal tranquilizante a través del tejido conjuntivo, el cual reestructura y reprocesa tus reacciones a ese detonante.

La parte hablada es importante. Cuando expresas un detonante —como, por ejemplo, el miedo a hablar en público— todo tu sistema experimenta una reacción psicológica. Cuando golpeteas, envías una señal tranquilizadora al mismo tiempo que suscitas el detonante, así que en tu cerebro llegan a desvincularse. Esto sirve para todo, desde liberarte del deseo de ingerir azúcar a los complejos problemas del trastorno de estrés postraumático.

Puedo dar fe de todo esto; personalmente he eliminado mis antojos con el golpeteo. Al igual que muchas personas, mi debilidad son los carbohidratos azucarados. Me encantan los cereales y me puedo comer numerosos tazones de ellos, o directamente comérmelos a puñados de la caja. Ah, y qué decir de las galletas... Jamás me encontré con una que no me gustara. Pero practicar el tapping con Lena me ayudó a dejar de comer estas cosas durante ocho días seguidos. (Lo estropeé al noveno, cuando me enfrenté a la tarta de cumpleaños de mi hijo, pero tengo previsto reanudar el tapping ¡y seguir con él para siempre!) Si a tanta gente le encanta el tapping es porque realmente ofrece resultados tangibles que pueden cambiarte la vida.

Puedes encontrar un profesional del tapping buscando en el directorio de thetappingsolution.com/eft-practitioners/. O también puedes hacerlo por tu cuenta en casa buscando el vídeo de demostración (en inglés) de Lena en unplugmeditation.com.

Sanación con cristales

Muchas personas creen que la sanación con cristales es lo más cursi del planeta, pero he conocido a algunas que juran que su práctica les ha cambiado la vida. Y a juzgar por el aspecto de nuestros alumnos antes y después de entrar en el estudio de meditación para seguir un curso de sanación con cristales, tengo que decir que no hay duda de que la cosa tiene algo; no paro de ver gente que llega estresada y que sale absolutamente calmada y sonriendo.

La eficacia de los cristales se reduce básicamente a la vibración. Todos nuestros órganos internos vibran en frecuencias y, de acuerdo con los sanadores de cristales diplomados, colocar las piedras sobre diversos lugares de tu cuerpo equilibra las frecuencias que están alteradas. Las piedras te afinan como si fueras una guitarra. Así es como lo explica la sanadora de cristales Jona Genova:

En realidad el asunto tiene una base muy científica, aunque la forma en que todo confluye tiene algo de mágico. Todo es una vibración. Incluso una mesa que parece maciza está vibrando; hay herramientas científicas que pueden medir esa vibración. Y las vibraciones reaccionan entre sí. Los cristales vibran con una frecuencia bastante estable, y dado que las moléculas tienden a reflejarse entre sí cuando se aproximan, cuando esos cristales estables son colocados cerca de las frecuencias inestables de nuestros cuerpos, lo que hacen es equilibrarlas. Eso significa que solo por estar cerca de los cristales, éstos nos van a sanar.

La sanación por cristales es lo que se conoce como «meditación pasiva», que significa que tú simplemente te relajas por completo y reconoces las propiedades curativas de los cristales. En la sanación con cristales no hay concentración en la respiración ni en ninguna otra cosa. El único objetivo es sentir y ser receptivo. O como lo explica Jona: «Dejas que el cristal te medite».

En su clase, Jona hace que cada persona escoja de tres a cuatro cristales que les atraigan intuitivamente. Después de una breve meditación guiada, ella te coloca tus cristales sobre los chakras (puntos de energía) de tu cuerpo como sea necesario. Muchas personas confiesan sentir vibraciones, palpitaciones, oleadas como de energía o calor o frío que emanan de las piedras. Más tarde, declaran sentirse más ligeras, con más armonía, más despejadas y más tranquilas aunque al mismo tiempo vigorizadas. En esencia, tal como te quieres sentir.

Pero no te preocupes si no conoces a ningún buen sanador con cristales ni tienes algún curso cerca; también puedes hacerlo tú mismo. Éstas son las instrucciones:

1. Escoge un cristal que te atraiga. Recuerda que es mejor que lo escojas personalmente, para que puedas tocarlo y palparlo.
2. Una vez que hayas escogido el cristal, si así lo deseas puedes aprender un poco sobre las propiedades que favorece (amor, tranquilidad, arraigo, etcétera).
3. Túmbate y coloca el cristal sobre aquella parte de tu cuerpo que consideres que más lo necesita. Si no estás seguro de cuál es, echa un vistazo al cuadro de la página 170 para que te ayude a escoger el chakra que mejor corresponda a tu piedra. Si la

que has escogido no está en la lista, puedes buscar fácilmente el chakra que mejor le vaya en Internet.

4. Relájate, respira y sintoniza con el cristal. No tienes que hacer nada aparte de asimilar sus vibraciones. Permanece tumbado, aspirando y espirando, observando qué chakras son los que más sientes. Por lo general, habrá uno que parecerá más dominante; en mi caso, suele ser el de la garganta. Ése es el que probablemente necesite de más atención en tu vida. Luego, olvídate de cualquier cosa que hayas notado, relájate y sigue respirando un poco más. Si no sientes nada, también está bien; obtendrás los beneficios incluso sin ser consciente. Intenta hacer esto durante un mínimo de diez minutos cada vez a fin de experimentarlo de verdad. De treinta minutos a una hora es todavía mejor.

Una vez hayas hecho esto unas cuantas veces con tu cristal, establecerás una relación con él. Entonces prueba con un cristal distinto. Experimentarás el contraste y te harás una idea de los matices de cada piedra individual. Sigue adelante probando cristales distintos, y crea una colección con tus favoritos.

La manera más fácil de equilibrar los chakras utilizando cristales consiste en escoger una piedra cuyo color haga juego con el color del chakra. Una manera fácil de recordar el color correspondiente es pensar en las iniciales de los colores del arco iris, RNAVAIV, tal como verás a continuación. O bien puedes escoger las piedras que son conocidas por ser las que mejor funcionan para cada chakra (cuyo color puede o no coincidir). He incluido algunas de las más importantes para cada chakra en el cuadro.

CHAKRA	LOCALIZACIÓN	ENERGÍA	COLOR	CRISTAL
1º (raíz)	Base de la columna vertebral	Arraigo, supervivencia, protección	Rojo	Hematita, turmalina negra, jaspe rojo
2º (sacro)	Entre el ombligo y la pelvis	Sensualidad, energía creativa, valor	Naranja	Calcita naranja (suave), cornalina (potente)
3º (plexo solar)	Abdomen	Fuerza personal, abundancia	Amarillo	Citrina
4º (corazón)	Centro del pecho	Amor, confianza	Verde	Cuarzo rosa, aventurina verde, serpentina verde
5º (garganta)	Zona del cuello	Comunicación, expresión personal	Azul	Ágata de encaje azul, sodalita, crisocola, lapislázuli
6º (tercer ojo)	Entre las cejas	Intuición, ideas, pensamientos, sueños	Índigo	Amatista
7º (coronilla)	Coronilla o un poco más arriba	Esclarecimiento, conciencia superior	Violeta	Cuarzo transparente, amatista

Trabajo de respiración

A la gente le encanta el trabajo de respiración. Es una manera fantástica de liberar la energía atascada, ¡y ahora sé lo que significa eso realmente! Acostumbraba a oír «libera la energía atascada», y pensaba: *¿Qué energía? ¿Y dónde está atascada?* Ahora entiendo que almacenamos energía en nuestro cuerpo, pero que no solemos liberarla jamás. Es parecido a reprimir las palabras cuando quieres gritar. El trabajo de respiración te permite abrir la caja de Pandora y dejarlas ir para que puedas seguir adelante.

El trabajo de respiración también te prepara para que te relajes por completo en la meditación. Te agotas emocional y físicamente, lo cual te introduce en este sitio de absoluta tranquilidad y silencio. Pasa lo mismo que con el yoga; ¿sabías que toda la finalidad de las posturas de yoga es la de sacar la energía atascada y agotar el cuerpo, de manera que al final puedas estar tranquilo durante la meditación/ savasana (postura de relajación de todo elcuerpo)? Es así.

Voy a dejarle esto a uno de nuestros maravillosos maestros del trabajo de respiración, Jon Paul Crimi. Sus clases se llenan en cuestión de minutos, y la gente jura que les cambian la vida. Esto es lo que Jon Paul dice sobre lo que es el trabajo de respiración y la razón de que sea tan eficaz:

El trabajo de respiración es una herramienta increíble para alcanzar un lugar de silencio que les funciona a las personas que tienen dificultades para permanecer sentadas y meditar. La experiencia es como un entrenamiento, solo que utilizando la respiración. Fundamentalmente, consiste en que respires por la boca de una manera intensificada, lo cual activa el sistema nervioso simpático —la respuesta de lucha o huida— e inmediatamente te mete en el momento presente. Pero dado que lo estás haciendo en un entorno seguro, tiene el mismo efecto que la liberación de un trauma atascado. Cosas que te han sucedido y de las que ni siquiera eres consciente que siguen ahí dentro subirán y saldrán.

Los primeros diez minutos pueden ser difíciles, como un entrenamiento. Algunas personas se marean las dos primeras veces que hacen el trabajo de respiración, pero se les termina pasando al cabo de unos minutos. Siempre recuerdo a los alumnos: «Estáis tumbados, ¡así que no os vais a desmayar! Si estáis dispuesto a sacarlo adelante y perseverar, tendréis una experiencia enorme y profunda». Esto tiene unos efectos y resultados innegables. Una cosa que oigo a menudo es: «¡Es como un año de terapia en una clase o una sesión!»

Es mejor hacer el trabajo de respiración con un maestro experimentado. Los estudios de yoga suelen ser un buen sitio para pedir que te recomienden un maestro.

Soy consultor de dirección analítico y racional. Como de costumbre, no tenía tiempo ni paciencia para la meditación, pero lo cierto es que mi médico me dijo que debía practicarla porque mi estrés y mi colesterol andaban por las nubes. Cuando fui a ver a un profesional holístico en lugar de tomar estatinas, encontré todo un aliciente nuevo en la vida. Eso me llevó a mi primera clase de trabajo de respiración. Al terminar, estaba enganchado. ¡La mejor droga de mi vida!

TED, 50 AÑOS, CONSULTOR DE DIRECCIÓN

Baños de sonido

Si nunca has probado un baño de sonido, ¡no dudes que deberías hacerlo!

Un baño de sonido es una profunda experiencia meditativa en la que un profesional utiliza gongs, campanas, cuencos, tambores y otros instrumentos para crear una experiencia envolvente. A mí me encantan porque lo abarcan todo. Tu cuerpo acaba envuelto y acunado por el sonido, así que es muy reconfortante y tranquilizador. El mero hecho de estar tumbado ahí y sentir las vibraciones contra tu cuerpo literalmente expulsa el estrés de tu interior con una explosión.

En Unplug, los sábados por la noche tenemos la suerte de contar con Guy Douglas, uno de los mejores sanadores con baños de sonido del sector. La sala está siempre atestada para esta experiencia absolutamente genial; esta práctica te envuelve por completo, te saca de tu cabeza y te introduce en la vibración sanadora del sonido.

Ésta es la explicación de Guy de lo que son los baños de sonido y cómo actúan:

Un baño de sonido es una experiencia meditativa que utiliza el sonido para anular la cháchara mental y transportarte al punto cero de la meditación. La NASA ha realizado grabaciones del espacio exterior, y los sonidos que oyes causados por los gongs y los cuencos se parecen mucho a lo que se oye en él; esos sonidos te alinean con esa energía infinita y primigenia. Asimismo, te permite que entres en un nivel profundo del mero ser, lo que es maravilloso para las personas que todavía no están acostumbradas a meditar. Las capas armoniosas de vibración te sacan de tu mente egocéntrica y te ponen en contacto directo con tu verdadero yo. Las vibraciones limpian los canales de todas las cosas que se estancan en nuestro interior, de manera que podamos sacar nuestra sabiduría y verdad, sea cual sea ésta para cada uno de nosotros. Parece algo absurdo, ¡pero es realmente así!

Los baños de sonido también nos curan. La música lleva utilizándose como medio de curación desde hace miles de años por culturas de todo el planeta: piensa en las campanas de las iglesias o en los tambores de los nativos de diversas culturas. Los tonos y frecuencias acústicas de un baño de sonido provocan una vibración simpática que nos afecta a un nivel celular profundo.

Muchos estudios de yoga ejecutan baños de sonido, y se pueden encontrar fácilmente en la mayoría de las ciudades. Sin embargo, tienes que tener cuidado con quién haces un baño de sonido, porque en este caso sí que los hay malos. Un baño de sonido debería ser relajante, no chirriante. Lo que me gusta de Guy en particular es que es un músico consumado, no solo alguien que golpea cosas y te trepana los tímpanos. Por consiguiente, asegúrate de investigar un poco para ver si el profesional en el que estás pensando es bueno.

Meditación para niños

Puedes escuchar todos los fundamentos científicos y experimentar todos los fenomenales cambios en tu interior, pero cuando ves actuar la meditación en tu hijo, entonces eso es cosa de otro mundo.

Sentarse quieto y respirar no es algo que parezca especialmente divertido para los niños, y a la mayoría hay que convencerlos para que lo intenten. Puedo asegurar con toda sinceridad que convencer a los míos para que la practiquen es una de las mejores cosas que he hecho como madre. Los tres probaron la meditación a regañadientes, pero en cuanto se sentaron y lo hicieron, les encantó (al igual que a muchos adultos que conozco) ¿Y ahora la practican a diario? En absoluto. ¿Pero saben utilizarla a voluntad, como herramienta de autorregulación cuando la necesitan? Por supuesto. Cuando le decía a mi hijo que apagara la Xbox, se agarraba un berrinche y me tiraba el mando. Ahora respira tres veces y se marcha. Mucho mejor que tirar el equipo electrónico, ¿verdad? Si mi estudio de meditación ardiera mañana, ¡hubiera valido la pena solo por eso!

Le pedí a Laurie Cousins, que da las clases de meditación a nuestros hijos, que explicara las razones de que su práctica sea tan beneficiosa para los niños. Esto es lo que tenía que decir:

La meditación puede ser una herramienta fantástica para ayudar a los niños a que se controlen emocionalmente, a ser menos impulsivos y a poner su atención en algo en lo que quieran concentrarse en lugar de distraerse. La meditación les enseña a respirar cuando están angustiados y a ver su ira y trabajar con ella en ese momento. También les ayuda a ponerse en contacto con su cuerpo y su corazón. Así, pueden encontrar un sentimiento de generosidad y una conexión con otros y consigo mismos, lo que les ayuda en sus relaciones sociales.

En concreto, la práctica de la meditación es muy útil para los alumnos de secundaria y de instituto. Éstos entienden el sentido del yo y de la propia consciencia: poder ser consciente de su diálogo interior es muy valioso. Cuanto más sintonizan y exploran esta relación consigo mismos, más capacitados están para oír a su cordura y su intuición y escoger los actos que les sean útiles, en vez de llevar a cabo hábitos inconscientes que no lo sean.

Esto es algo que veo permanentemente: niños que son capaces de recurrir a sí mismos de una manera saludable en lugar de buscar maneras insanas de manejar lo que parece imposible de manejar. Con los factores estresantes y expectativas que acompañan al hecho de ser niño hoy día, la meditación les proporciona los medios para desacelerar e identificar que están estresados, que hay presión y escoger cómo ocuparse de ella de una manera saludable.

Hay dos «trucos» para conseguir que tus hijos mediten. El primero es predicar con el ejemplo. Como dice Laurie: «Los niños están más atentos a lo que hacemos que a lo que decimos. Si nos ven tomarnos nuestro tiempo para detenernos y respirar y hacer algo que es silencioso —o incluso concentrarnos solo en una cosa cada vez conscientemente— lo observarán y querrán hacerlo también. En cuanto se lo impongamos, pensarán que tenemos intenciones ocultas y no querrán hacerlo».

La otra manera de conseguir que tus hijos mediten es hacerlo divertido. Prueba a realizar meditaciones guiadas breves o incluso una meditación en movimiento si tienen una energía desmedida. Para la mayoría de los niños, palabras como sosiego y quietud suenan a tortura. Hay muchas maneras fantástica de que mediten los niños, pero para que empieces ahí van las tres que prefiero:

Meditación en un tarro

Esta meditación es una maravillosa herramienta visual para enseñar a los niños cómo funciona su cerebro cuando están excitados en comparación a cuando están tranquilos. Además, es brillante y táctil, dos cosas que les encanta a la mayoría de los niños. He aquí cómo se hace:

1. Llena un tarro de conservas de agua y purpurina. Siento debilidad por la purpurina morada, pero utiliza el color que les guste a tus hijos. Asegúrate de cerrar la tapa con fuerza.
2. Explícales que la mente es como un frasco, y que la purpurina representa a los pensamientos y sentimientos.
3. Agita el bote y explícales que ése es el aspecto que presenta la mente cuando están furiosos, apurados o estresados.
4. Pide a tus hijos que respiren lentamente en tu compañía y demuéstrales cómo cuando respiramos todo se calma y se aclara, igual que el agua del tarro.

La meditación para tranquilizar a un niño llorón

Esta meditación se debe a Susan Kaiser Geenland, la autora del aclamado libro *The Mindful Child*. Susan está considerada una de las principales maestras de la atención plena para niños y adolescentes. Esta meditación deriva de su aplaudido programa Inner Kids, una manera genialmente astuta de conseguir que tus hijos respiren despacio y se tranquilicen:

1. Haz que tus hijos se imaginen que están parados en un jardín lleno de rosas hermosas. Diles que huelan las flores que tienen a su alrededor, aspirando por las narices todo el tiempo que puedan.
2. A continuación, haz que se pongan el dedo índice delante de ellos con el brazo estirado. Diles que imaginen que su dedo es una vela y que soplen suavemente para hacer que la llama parpadee. El objetivo no es apagar la vela, sino espirar el aire lenta y suavemente durante el mayor tiempo posible.

Haz esto diez veces y observa los cambios.

Meditación para dormirse de una vez

Ésta es otra meditación de Susan Kaiser Greenland que Laurie Cousin, la directora de nuestro programa infantil, enseña a menudo. Se trata de una meditación que elimina la tortura y la tensión de la hora de acostarse y la convierte en una rutina apaciguadora a la que los niños responden de verdad. Haz esta práctica durante tres minutos, y se sumirán en el sueño como por arte de magia.

1. Pídele a tu hijo que escoja su peluche favorito.
2. Con tu hijo tumbado en la cama, colócale el peluche en la barriga.
3. Haz que observe el ascenso y descenso del animal mientras aspira y espira. Los pensamientos y preocupaciones del día desaparecerán cuando se concentre en su juguete y respire.

El secreto definitivo de la meditación

Hay una manera de que lleves tu práctica al siguiente nivel... para profundizar... para sumergirte en las profundidades de tu alma y acceder a tu conciencia superior trascendiendo todo lo que hayas experimentado. Éste es el secreto que los sabios, monjes y yoguis de antaño y de ahora conocen. Es el paso que convierte su práctica de eficaz en increíblemente extraordinaria. Y ahora lo voy a compartir contigo.

¿Preparado?

Medita más y durante períodos más largos de tiempo.

De verdad. Esto es todo.

Los alumnos no paran de pedirle a Davidji la «técnica avanzada» de la meditación, pero él les dice: *¡Esto es todo!* Esto es todo lo que hay. La manera de que lo hagas a lo grande y profundices más es solo una cuestión de que mantengas tu práctica y la hagas un poco más larga y algo más frecuente.

La clave está en la regularidad. Sé que puede ser fácil caerse del carro de la meditación, sobre todo cuando te parece que has conseguido los resultados positivos que andabas buscando al empezar este viaje. Pero también sé que cuando me caigo, puedo volver a incurrir en mis viejos hábitos de inmediato. Así que persevero, porque los resultados merecen mucho la pena. Cuando medito, todo es mejor, punto.

Un poco cada día es mucho, y cuanto más tiempo te sientes en silencio, más profunda y gratificante será tu vida. Cinco minutos pueden suponer una profunda diferencia en tu jornada y en tu vida. Pero cuando se trata de la meditación, no hay duda de que cuanto más, mejor. Una vez que te pongas cómodo, procura sentarte durante diez minutos; o veinte; o cuarenta y cinco. O hazlo a lo grande y prueba a realizar un retiro de silencio; yo lo hice y ¡fue toda una transformación! Imagínate lo máximo de la meditación.

La mejor manera para llegar a los veinte minutos diarios es avanzar poco a poco hasta llegar ahí. Intenta realizar el Reto de Meditación de 28 días de Unplug.

Semana una: siéntate a diario de 1 a 5 minutos

Semana dos: siéntate a diario de 5 a 10 minutos

Semana tres: siéntate a diario de 10 a 15 minutos

Semana cuatro: siéntate a diario de 15 a 20 minutos

Cuando medites veintiocho días seguidos, tu cerebro se transforma y todo tu mundo cambia con él. ¿Desaparecerán todos tus problemas? No. Pero tu manera de reaccionar a ellos los hará mucho menos importantes. Tendrás la capacidad para llevarte a unas vacaciones interiores cuando quieras y encontrar tu pasión, tu objetivo y tu paz. ¿Qué es lo que te hace feliz? ¿De qué tienes que olvidarte? ¿Por qué estás aquí? ¿Cómo quieres vivir tu vida? Éstas son las preguntas que obtienen respuesta cuando desconectas, te sientas en silencio y meditas.

Así que desconecta unos pocos minutos al día… y luego, unos pocos más… y unos pocos más. Y sigue adelante. ¡Puedes hacerlo!

Recursos

Por favor, visita unplugmeditation.com para saber más sobre las maneras de explorar todos los tipos de meditación sobre las que has leído en el libro. Allí encontrarás (en inglés) vídeos, tutoriales, entradas de blogs, productos y otras cosas. Y si vives en la zona de Los Ángeles, por favor, ven a visitar el estudio de Unplug. ¡Me encantaría verte allí!

Agradecimientos

Mi primer agradecimiento ha de ir a mi madre, Ina Yalof, que siempre me ha dicho que yo podía hacer cualquier cosa que me propusiera, excepto escribir este libro (ja, ja, ja). Cuando le dije que quería escribir un libro, ella, que ha escrito catorce, me explicó que era imposible que yo, con un marido, tres niños pequeños y una empresa incipiente, pudiera escribir éste sola. Así que me hizo un regalo: me presentó a su legendario agente, Richard Pine, que hizo posible este libro sin ningún esfuerzo.

Pocos días después, Richard estaba comiendo con Doris Cooper, editora de mi primer libro, *Getting Over John Doe*, cuando ésta le sugirió que dejara el libro en manos de mi talentosa y muy perspicaz editora Diana Baroni, a la que le encantó la idea y cuyo entusiasmo por el cometido de compartir esta historia con el mundo lo convirtió en un proyecto de ensueño. Soy muy afortunada por que este libro acabara en sus manos. Las felices conexiones siguieron cuando Richard me puso en contacto con la talentosa escritora Debra Goldstein, que se convirtió en mi colaboradora y en mi nueva mejor amiga. Mientras trabajábamos en el libro, Debra —que jamás había meditado antes— y yo pasamos un año asistiendo a clases juntas, escuchando podcasts e intercambiando correos electrónicos a todas horas. Al final, ella se convirtió en una meditadora consumada y, por ende, pudo ayudarme a crear un libro que abordara perfectamente las necesidades de los alumnos principiantes.

Este libro jamás habría existido sin el amor y la dedicación de muchas maestras brillantes, la primera de las cuales fue mi suegra, Linda Schwartz, que me enseñó a respirar, a visualizar y a tranquilizarme, y todo en cuestión de minutos. Mi querida amiga Jennifer Schiff me ayudó a escribir mi plan de negocio en la mesa de nuestra cocina y a ella se debe la idea del nombre de *Desconecta*. Las orientaciones del emblemático yogui Steve Ross —autor de *Happy Yoga*, propietario de Maha Yoga en Los Ángeles y mi gurú empresarial y de la meditación— fueron decisivas. La filosofía de Steve de «Si podemos conseguir que más gente haga esto, el mundo será un sitio mejor» se ha convertido desde entonces en mi mantra y en la causa rectora de que haga lo que hago.

Quiero expresar mi más profundo agradecimiento a las siguientes personas que me han guiado, enseñado y cambiado mi vida en más aspectos de los que jamás sabrán: Olivia Rosewood, Davidji, Natalie Bell, Deepak Chopra, Mallika Chopra y Megan Monahan. Gracias también a los maestros de meditación y maestros invitados de Unplug que contribuyeron a este libro: Susan Kaiser Greenland, Laurie Cousins, Scott Schwenk, Johnny O'Callaghan, Lauren Eckstrom, Tracee Stanley, Sara Ivanhoe, Lena George, Amy Budden, Harry Paul, Heather Hayward, Jona Genova, Guy Douglas, Kelly Barron, Danielle Beinstein, Jon Paul Crimi, Ben Decker, Camilla Sacre-Dallerup, Jane Garnett, Christina Huntington, David Elliott, Carrie Keller, Paul Teodo, Sherly Sulaiman, Lili Pettit, Ali Owens, Donna D'Cruz, Stefanie Goldstein, Ananda Giri, Jessica Snow, Laura Conley, Angela Whittaker, Light Watkins, Arianna Huffington, Agapi Stassinopoulos, Danna Weiss, Dean Sluyter, Dra. Belisa Vranich, Felicia Tomasko, Jonathan Beaudette, Kristen Luman, Aimee Bello, Peter Oppermann y Sally Kempton. Deseo hacer extensivo mi agradecimiento a la neurocientífica del Hospital General de Massachusetts/Harvard Sara Lazar y a la cardióloga de la UCLA Tamara Horwich por sus conocimientos y explicaciones médicas.

Mi increíble equipo de Unplug tomó el mando del negocio cuando se me acercaban las fechas de entrega. Gracias, Lisa Haase, Deborah Brock, McKayla Matthews, Sheryl Seifer, Suzy Shelton, Katie Burton, Charlie O'Connor, Anjani Joshi, Chelsea Scerri, Joe Chambrello, Gola Rakhshani, Scott Ishihara, Shannon Estabrook, Shayne Collins, Yaron Deskalo, Casey Altman y Brendan Walters.

Y, como es natural, unas enormes gracias a los amigos y familiares que me ayudaron a hacer realidad este libro de todas las formas posibles: Leslie Garfield, Stephen Yalof, Liora Yalof, Arthur Schwartz, Clarissa Potter, Ken Schwartz, Janie Liepshutz, Robin Berman, Christine Bernstein, Sam O'Conner, Lulu Powers, Inge Fonteyne, Heidi Krupp, Julie Rice, Elisabeth Cutler, Amy Peck, Lee Ann Sauter, Lisa Hersh, Beryl Weiner, Julie Cramer y Christie Lowe. Y a Emma Krasner: gracias por prestarme a tu madre durante un año.

Y a mi director general en el cielo, Herb Yalof, choca esos cinco. Papá, si siguieras en la tierra, tal vez nunca hubiera tenido que buscar el sentido de la vida.

Y por último, a mi marido, Marc, el ser humano más atento que conozco. Tú me mantienes con los pies pegados al suelo para que no me expanda demasiado por el universo. No solo soy afortunada por tenerte en mi equipo, sino por dirigirlo. Y a mis enanos, Austin, Tyler y Cooper, que ya son tan altos como yo (excepto Cooper): gracias por ser listos, rebeldes, chalados, divertidos y adorables y, antes que nada, la razón de que necesitara hacer esto.

ECOSISTEMA DIGITAL

NUESTRO PUNTO DE ENCUENTRO

www.edicionesurano.com

2 AMABOOK
Disfruta de tu rincón de lectura
y accede a todas nuestras **novedades**
en modo compra.
www.amabook.com

3 SUSCRIBOOKS
El límite lo pones tú,
lectura sin freno,
en modo suscripción.
www.suscribooks.com

DISFRUTA DE 1 MES
DE LECTURA GRATIS

1 REDES SOCIALES:
Amplio abanico
de redes para que
participes activamente.

4 APPS Y DESCARGAS
Apps que te
permitirán leer e
interactuar con
otros lectores.